南懷瑾文化

瑜伽師地論

聲聞地講錄

下冊

南懷瑾 講述

目錄

下冊

第十七講　253

第十八講　288

下冊

第十一講

現在繼續卷十三第二百八十六頁，倒數第五行。

等持等至　名句文身

「復次如世尊言，修靜慮者，或有等持善巧，非等至善巧，廣說如經，嗢柁南頌。云何等持善巧，謂於空等三三摩地得善巧故。云何非等至善巧，謂於勝處、遍處、滅盡，等至不善巧故」。

修定的人，在邏輯理論上有二種分別，一種叫「等持」，一種叫「等至」。「等持」就是平等性的修持，是修空、無相、無願的境界；或譯空、無相、無作。但這並不是說，在你有了空、無相、無願的境界，就是到達了等至。什麼是「等至」呢？「等至」是八勝處、十遍處、滅盡。如果不知善巧就很困難，就是沒有這個方便。也就是說，都是工夫來找你的，碰到身心好一點的時候，坐禪坐起來還像個樣子，你自己作意就做不到。

「云何等至善巧、非等持善巧，謂於十種遍處等至，及無想等至，若入若出，俱得善巧，非於三三摩地」。

什麼是等至善巧，不是等持善巧？在修持的過程上，對十種遍處，空無邊、識無邊等等，乃至要到達外道定的無想定等等，俱能任意出入，愛到哪個境界就到哪個境界，於各種定，都自由出入，才是「**等持善巧**」；並不是只在空、無願、無相三摩地，能任意出入。

「云何俱善巧，謂於彼二俱善巧故。云何俱不善巧，謂於彼二俱不善巧故。如是於先所說等持等至中，隨其所應，當善建立」。

如何是同時都做到這二種的俱善巧？就是對等持、等至，都能夠隨心所欲而不踰矩，愛怎麼樣就怎麼樣。這就是「**隨其所應，當善建立**」。一個真正聲聞乘修持的比丘，能夠到達這個程度，就可以為人天之福田了。

「又說等持善巧、非等至善巧者，謂於等持名句文身，善知差別，

非於能入等至諸行狀相差別」。

關於等持及等至，再說另外一個解釋，一個理論，就是說你在修持的階段，並非真到達了那個境界，那就是「**非等至善巧**」，這是有差別的。還有另外一種解說，就是說出家的比丘，文章經教都好，但是不能到達「**等至**」。如宋朝大慧杲、明朝的憨山、藕益、蓮池、紫柏等等，教理文章都非常好，經教的理論也極透達，但實證的工夫沒有達到「**等至**」。「**名句**」是佛學的名辭，「**文身**」指文章的本身，佛學把文章的本身翻譯成「**文身**」，因為文章的本身也是一個化身。譬如像中國有名的學者，把釋迦牟尼佛翻譯為釋迦文佛，他這個人儘管是涅槃了，那是報身涅槃，他的經典「**名句文身**」，則留傳萬古，也是化身，所以說文字也是蠻重要的。

至於「**善知差別**」，是對任何書、經典、文章，一看都清楚了，善於知道它的深淺差別。你們的考試卷我大概看了一下，你們的名句文身越來越糟，煩惱妄想也越來越大，很可憐的。「**非於能入等至諸行狀相差別**」，理論都對了，但是實際工夫不到，不能等至，不能隨意到達那個境界；儘管理論會講，文章都很好，但是工夫做不到。

「云何等至善巧、非等持善巧。謂如有一善知能入隨一等至諸行狀相，亦能現入，而不善知此三摩地名句文身差別之相，亦不能知我已得入如是如是等持差別」。

有些人工夫到了，智慧卻不夠，自己進入了某一個定境界，還不曉得這是什麼定。或把昏沉當入定，或把睡眠當打坐，或打坐入定了，自己也不知道是入定，以為自己在昏沉或是睡眠中，這是沒有智慧。所以雖說他有等至善巧，工夫到了，理上不行，自己修三摩地，到了什麼境界都不曉得，這是不懂「**名句文身差別之相**」。這三摩地境界，是教理上的哪一條，哪一點？他不懂，所以自己到了某一種定境界，自己也搞不清楚。其實像你們大家，也都搞不清楚。

一切凡夫都有定境，天生就有定境，但是哪一種境界呢？你們自己都弄不清自己的心理狀態，動不動就問老師，老師一講你就懂；下面老師沒有講，又不懂了。雖然看起來是個乖學生，一切都相信老師，但是你永遠是個笨蛋。

老師說，十二樓就在十三樓的下面，十一樓的上面，老師這一講你就懂了。可是四樓、五樓在哪裡，你又不懂了，這有什麼用？諸善知識，一切佛菩薩的教化，都是要你自己站起來，自己站不起來是沒有用的。

「有諸菩薩，雖能得入若百若千諸三摩地，而不了知彼三摩地名句文身，亦不能知我已得入如是如是等持差別，乃至未從諸佛所聞，及於已得第一究竟諸菩薩所而得聽聞，或自證得第一究竟」。

不只聲聞乘小乘道的比丘，不了解定境的名句文身，大乘菩薩們也是一樣；所以佛說初地菩薩不曉得二地的事，二地菩薩不曉得三地的事。等於我們這裡一樣，下一層樓不曉得上一層樓在幹什麼，有些菩薩也是這樣。到了菩薩地的境界，那就大了，百千種三摩地定境都能到，但是菩薩之「力」、「智」波羅密沒有圓滿，他雖然到了那個境界，並不認識這個是什麼名句文身；所以禪定工夫很重要，思惟修更是重要。

有些菩薩因為不了解其他三摩地的名句文身，不了解它的理論和境界，所以證到了也不知道，也沒有聽佛說過，也沒有聽得了第一究竟的大菩薩們說過，所以自己搞不清楚。菩薩地要三大阿僧祇劫慢慢修，有些也會永遠停留在菩薩地的境界，一地、二地，或三地……一停留就是一大阿僧祇劫，或者半大阿僧祇劫，很難進步。為什麼難進步？因為進步是靠福德資糧、智慧資糧，福德資糧尤其更為重要。

住定出定的行狀相

「云何為住。謂善取能入諸三摩地諸行狀相。善取彼故，隨其所欲，能住於定，於三摩地無復退失」。

什麼是住在定境界呢？住定，就是他能深入了解一切三摩地境界的行狀相，理上、事上統統都搞清楚了。所以可隨自己的意願，住在那個定，要進什麼定就進什麼定。對於定的工夫，也不會退了。

大家還是要看書本，不能說聽懂了就不看書了；不看書的話，你對名句文身就永遠不靈光。寫不好文章，寫一點小片斷還行，叫你寫個連貫性大篇幅的就不行了。所以諸佛菩薩什麼都要會。「何期自性本自具足」，你為什麼不具足呢？要文就文，要武就武，世間法、出世間法都要會，這樣才叫發大願，才能成就大功德，才是具足。你們不要只在小之又小的地方做，最後會成為外道，嚴重得很，所以要特別注意。我講的你在經典上對照看看，不同此說者皆是魔說，同於此說者方是佛說。

「如是若住於定，若不退失，二俱名住」。

譬如說你們現在在學靜坐，談不上定，但是不能說你這個不是定，它是凡夫定。你說兩腿都痛死了，哪裡是定？當然是定呀！腿痛定呀！定在腿痛上，對不對？當你打坐腿痛的時候，你念念都在腿痛上，這是凡夫定，也是地獄定，因為你在受罪報。你頭痛，就在頭痛定，當你受痛苦的時候，你想解脫，想把它看空，但做不到，因為是地獄定，業報的定。所以你的情緒不好，身體多病，你就在定業受報裡，這也是定呀。

看吧！我不講你就不認識，對不對？所以我們哪個人不在定呀？你們每晚十一二點鐘，就馬上進入那個黑黑定，就要睏了，這個定力多深啊！到那個時候非入這個定不可；早晨睡夠了，你就非醒來不可。你說我想再睡八個鐘頭，你再睡看看，你睡在床上不動，我就說你有定，你的定就是受善報那個定，也就是受報應。所以要解脫飲食、睡眠一切等等，我要把它轉了，要不吃就不吃，要睡就睡，你做得到嗎？

所以凡夫也有定，是業報，所以叫定業，定業不是定嗎？你能把定業的道理了解了，你才曉得出世法是如何得定。所以我剛才講你們打坐腿子痛，那也是定呀！那是受報，一分鐘一分鐘在那裡挨，那個時候，萬事不如引磬響，引磬一敲，有無比的解脫之感。我們都經驗過，對不對？所以有智慧的人，從正面就了解了反面，由反面的事就了解了正面。

住定的人是真正得了定，一上座要入哪一種定，就入哪一種定境界，這才叫入定。要忘身，把自身全部感覺拿掉，受蘊盡則得受蘊空盡定，要自己一念清淨就清淨，你作得了主嗎？你們靜坐全都跟著心理、生理、業力在轉，所以不算正定；也沒有得定，因為作不了主，所以不能說入定。

譬如一個作得了主的人，要入這個門，就從這個門進來；要從那個門進來，就從那個門進來。作得了主的叫「得入」。犯人就不同，他被警察牽著走，自己作不了主。如果你今天身心不錯，打起坐來還能清淨一下，身心不愉快時就絕對清淨不了；如果把這個說成入定，那不是自欺欺人的話嗎？所以入定、住定就是如此。

「云何為出。謂如有一於能入定諸行狀相，不復思惟。於不定地，分別體相，所攝定地不同類法，作意思惟，出三摩地。或隨所作因故，或定所作因故，或期所作因故，而出於定」。

一個人真修持到入定了，就有「**行狀相**」，簡單的講就是入定的境界；嚴格的講，入定行狀相則不同。當我講到「**行狀相**」，你們都沒有人提出來問，好像都聽懂了，其實看來滿堂都不懂。可見你們對名句文身是聲聞眾中的不聞眾，聽聽而已，自己一點頭腦都不用，也不思惟。「**行狀相**」包括的很多，就是入定的行狀，臉色、氣色、身體都不同了，也就是外面一切形象都不同了。真正能夠入定的人，性情、氣質都變化了，走路也不同了，講話也不同了。能夠真正入一剎那的定境界，他的行為狀況、現象，也就完全不同了。行為狀況包括了很多。下面再解釋這一段。

何謂出定？一個能入定，有定的行狀相的，「**不復思惟**」，念不繫在此了，等於有意的起散亂，要離開心一境性這一緣了。你們有些人打坐，坐起來很不錯；有些坐起來呆呆的好像入定相，其實那是呆瓜相；有些人坐起來一股死相，臉色蒼白，半個死人樣子，再看他的一臉神經肌肉，貪瞋癡慢都掛在那裡；還有些人是煎熬相，腿痛在那裡煎熬。一堂人坐在那裡，眼一晃，就知道誰在哪一個境界上，這是你們打坐的行狀相。

相反的，真入定，如住光明定，他內外都是光明，善知識過來一看，他容光煥發，臉上的神經細胞、肌肉都變柔軟了，有慈悲喜捨之相。你們修的是一臉貪瞋癡慢相，看到眾生都是仇恨的，然後表示自己很嚴肅，就是這麼一副死相。所以我看到就生氣，因此引起我一副金剛怒目相。

為什麼出定

「於不定地，分別體相，所攝定地不同類法，作意思惟，出三摩地」。文字都是很老實的譯法。

簡單的講，怎麼叫出定？本來心緣一境，現在不緣一境了，想到別的去了，離開那個境界了。但在還沒有完全離開定境，就如凡夫半醒半睡時，「**作意思惟**」，再度起了念頭，下座吧！這樣就出定了。我這麼一講知道了吧？你們不要以為你文字看懂了，你們的名句文身程度我清楚得很，都以為自己會寫文章，白話文一大篇，只有一兩句好的，偶然有好句子，並沒有好文，不成章法。所以有時候罵人，「這個傢伙，不成章法」，就是罵他不能構成一個系統，一個體系，東一下，西一下。所以看經典要注意，文字看懂要再多參究思惟，因為其中都有很多道理的。

「或隨所作因故，或定所作因故，或期所作因故，而出於定」。

這一段抽出來問你們，看看你們對名句文身的了解程度，當做考試好了。

因我每部書都帶領你們讀，我把重要的地方點出來，你們就要自己研究。這些書要把每一部全部講下來，都要好幾年，我們的生命都不長久的，所以你們必須要自己研究下去；如果聽了老師講一部份就不再看這一本書，那你學佛不是白學了嗎？佛的弟子有些是聲聞眾，你們叫黏聞眾，要黏老師，「螞蝗叮上鷺鷥腳，你上天來我上天」，可是我不是鷺鷥呀！你也不是螞蝗，黏不住啊，要注意自己努力呀！

「**隨所作者，謂修治衣鉢等諸所作業**」。

《瑜伽師地論》中一問一答，都很清楚，非常科學，每個綱要下面再加解釋。但要曉得，下面的解釋只是解釋原理，你自己從這些解釋中要能通達，如果死死的盯住這原理，對名句文身就搞不懂了。什麼叫「**隨所作**」的因？有工作要去做，必須要出定。譬如叢林制度，住禪堂是過團體生活，只好跟著團體規矩來，你縱然要入定，沒有辦法，不能去入定，因為團體生活不能違眾。

再譬如今天全體要集合，一齊來做冬天的衣服，要隨「**所作業**」，它只解釋到這裡為止。其實還不止如此，像有些居士在家打坐，到了上班時間就要出定去上班；或者有事非辦不可，那就應該出定去辦理。因為這個原因，心意識裡隨時有這麼一個預期，到時候就出定。你們有沒有訓練自己，假如鬧鐘壞了，明早五點半要趕飛機，今天睡前告訴自己，明早五點一定要醒來，結果到時間一定醒來，比鬧鐘還靈。試過沒有？等於這個道理一樣，「**隨所作因故**」，就出定了。所以有些人入定，他有這個本事，我要入定一萬年，一萬年後的那一天就出定了。

「**定所作者，謂飲食便利，承事師長等諸所作業**」。

定期性的要吃飯，要上廁所，或者要侍奉師長，需要出定。所以現在準備定三個鐘頭，三個鐘頭後，自己出定了。

「**期所作者，謂如有一先立期契，或許為他當有所作，或復為欲轉入餘定，由此因緣，出三摩地**」。

自己在意識上作意，限定時間，我準備進入空定的境界一個鐘頭，然後一個鐘頭就出定了。又像修觀音法門，修一堂兩個鐘頭，然後又要修無念、空定……這就是「**期所作**」意，隨時能夠作主。

「**何等為行。謂如所緣作種種行而入於定，謂麤行靜行，病行癰行，箭行無常行等，若於彼彼三摩地中所有諸行**」。

「**行**」是大乘菩薩的行願，作意要走這個路子，用這個方法來作意。「**如所緣**」，在其他經典上是「如所緣境」。「**所緣**」就是有分別影像所緣、無分別影像所緣的那個所緣。譬如修光明點的，修這個唵字觀的時候，所緣即光明的唵字；淨土宗的日輪觀，所緣就是這個日輪，即分別影像所緣，要心一境性，心住在這個日輪上。

所緣境界有各種法門，打拳就是「**麤行**」；雙腿盤上，安靜坐在那裡求靜就是「**靜行**」，所以任何一種行都可以入定。

再說「**病行**」入定，你們生病也是入了定吧？有定，是痛定，病時定，胃病時就是胃病行入定。真修行者，病來時就在病中修；反過來講，人生就是病，身體四大在就是大病，再健康也是病。老子說：「吾所以有大患者，為吾有身」，所以你還想拚命練功夫，想把身體搞好，看看道家、密宗做工夫的人吧，做了幾十年的工夫，把身體搞好沒有？有呀！搞到火裡去了，一把火燒掉了。把工夫用在身體上多冤枉啊！人這個肉體就是膿瘡，「**癰行**」，假使幾天不洗臉，髒了就不好看。看人生的一切，本來就是病，不是一定要頭痛發燒才是病。坐久了就想站起來，是坐病；站久了就想躺下，是站病；躺久了就想爬起來，是睡病。要搞清楚人生就在病苦中，整個身體就是瘡，都是膿泡。另外還有「**箭行**」，有毒的箭；還有「**無常行**」。若能在各種身體狀況下，隨時修定做工夫，才是做工夫的修定。

為了給大家修持的方便，我們跳過去到卷三十，七百六十三頁第六行，也是講聲聞乘修定的，對於出家修道的人尤其關係重大。

修行地方五條件

「**云何遠離。謂處所圓滿，威儀圓滿，遠離圓滿，是名遠離**」。

為什麼我們要專修呢？因為要遠離一切世間事，要遠離一切的圓滿。

「云何處所圓滿。謂或阿練若，或林樹下，或空閑室，山谷巖穴稻稈積等，名空閑室。大樹林中，名林樹下。空迥塚間邊際臥坐，名阿練若。當知如是山谷巖穴稻稈積等，大樹林中，空迥塚間邊際臥坐，或阿練若，或林樹下，或空閑室，總名處所。處所圓滿復有五種」。

這些清淨的道場，都是世間人不願意去的。要出家專修先要選地方，所以演變成道家一句「法、財、侶、地、師」。專修先要有地方，這個地方能使專修圓滿，共有五個條件：

「謂若處所，從本以來，形相端嚴，眾所喜見，清淨無穢，園林池沼悉皆具足，清虛可樂，地無高下，處無毒刺，亦無眾多甎石瓦礫，能令見者心生清淨，樂住其中，修斷加行，心悅心喜，住持於斷，是名第一處所圓滿」。

出家修行本來不講風水，可是這一段統統是有關風水，哪裡找得到啊？要找一個好地方太難了。如果修行道場圓滿，在這個好的地方一住，此心妄念漸斷，對於外緣的牽掛也越來越少，甚至於沒有牽掛。所以並不是說隨便一個墳堆都可以住的，這是第一個條件。

「又若處所，晝無憒鬧，夜少音聲，亦少蚊虻風日蛇蠍諸惡毒觸，是名第二處所圓滿」。

一個白天不吵鬧，晚上聲音少，沒有蚊子，沒有毒蛇猛獸的好風水地方，自然會這樣，這是第二個圓滿的處所。

「又若處所，無惡師子虎豹豺狼，怨敵盜賊，人非人等諸恐怖事」。

有一處所，既無野獸盜賊，也無人和非人的麻煩事，是可以安樂而住的地方。說到人事上的麻煩，住在寺中，有住持當家，或者老和尚或老比丘尼找你麻煩，跟你嚕嗦，就是人的麻煩。說到「**非人**」，是指看不見的精怪鬼魅。以前我在峨嵋山閉關的關房，原是一位喇嘛在住，但他住不下去，因為他一打坐，狐狸精就在他臉上吹氣，一吹他就昏沉了。修降伏法，鈴杵都掉了下來；他做的供養，轉個身，上面就出現爪印；早晨起來窗子前面是女人的足印，各種時代的女人足印都有。所以他只好離開了。

「於是處所，身意泰然，都無疑慮，安樂而住，是名第三處所圓

滿」。

修行要找個好道場，古來的祖師建寺廟，都是為了要清淨道場，建寺如種樹，前人種樹，後人乘涼，建個好道場給後學修行，就是供養後人。要找「**處所圓滿**」才建道場，使許多修行人能合住在一個道場修行。出家修道，人人供養你，有人賺錢給你吃飯，加上一切處所圓滿，你才能夠修行。人活在世界上，哪裡不麻煩人，哪裡不欠帳的？所以要上報四重恩，叫你們不要自滿，不要傲慢，就是這個原因。一個清淨道場要保持好，前面創辦的人是多辛苦的大功德呀！這是第三個好處所。

「**又若處所，隨順身命眾具易得，求衣服等不甚艱難，飲食支持無所匱乏，是名第四處所圓滿**」。

在那個道場，冬天冷了，化緣化件衣服也容易；沒有米了，化點米來吃飯也容易，又有人護法，這是第四圓滿處所。

「**又若處所有善知識之所攝受，及諸有智同梵行者之所居止，未開曉處，能正開曉，已開曉處，更令明淨，甚深句義，以慧通達，善巧方**

便，殷勤開示，能令智見速得清淨，是名第五處所圓滿」。

修道要有善知識開示指導，也有同修的道友，對於不懂的地方，老師使你懂得，懂得了，更令深入明淨。有這樣的條件，你才好修行。所以古來創辦大叢林的祖師，都是師父修好地方，來供養徒弟修行。

譬如貢噶師父，經常見他出來弘法化緣。他一出來，腳不沾泥土地的，信女信男們以髮鋪地讓他走過，然後供養一大堆珠寶。他每年供養二十幾位徒弟閉關修行，都是靠他出來化緣。弘法就是化緣，化緣也就是弘法，傳你法要拿供養，修密法沒有供養不能修。可是密教上師收了供養，他回去一樣再供養他的徒弟們閉關修行，所以大善知識的重要就在這個地方。這是第五種修行處所圓滿條件，財、法、侶、地、師；道家只講前四個，佛教就講了五個，多一個師。要有善知識，要有好地方，要容易得到供養，地方又要清淨良好，一切都要圓滿才好修行。

修定要有威儀

「云何威儀圓滿。謂於晝分經行宴坐，於初夜分亦復如是，於中夜分右脇而臥，於後夜分疾疾還起，經行宴坐，即於如是圓滿臥具，諸佛所許大小繩床草葉座等，結跏趺坐，乃至廣說」。

大家自己反省一下，威儀圓滿否？白天打坐行香，初夜分也是要這樣，中夜分是晚上十點到凌晨二點，要右脇而臥入睡，後夜分馬上起來行香打坐，這就是「**威儀圓滿**」。出家比丘除了修行以外，還幹什麼？坐在那裡談空話，看電視，說笑話聊天，談論世間法，那是修行嗎？鬧意見，起煩惱，你看我看不慣，我看你也看不慣，這算什麼修行呀？要在臥具繩床，或草葉座，結跏趺坐，才算是真的威儀，才是出家修行。

「何因緣故結跏趺坐。謂正觀見五因緣故。一由身攝斂，速發輕安，如是威儀，順生輕安最為勝故」。

盤腿打坐有五種因緣，第一是身收攝，平時我們身體散亂愛動，很散漫，一結跏趺坐，氣脈歸元，很容易得輕安，得定，不跏趺坐就不行。打坐有九十六種方法之多，結跏趺坐，身心很快得到輕安。

「二由此宴坐能經久時，如是威儀，不極令身速疲倦故」。

第二，這個姿勢可以持久，不易疲倦，其它的姿勢會使身體很快就疲倦。譬如你初學打坐，可以坐二十分鐘，如果蹲馬步二分鐘都蹲不了，一比較就知道。現在腿一盤，過二十分鐘坐不住了，那是腿發脹，不是疲勞，因為你精神並不疲倦。只有這個姿勢是正姿勢，身心不易疲倦，你自己要去試驗。為什麼我可以給你們講那麼清楚呢？這不是理論思想，這是經驗；你們講不出來，是因為你們沒有修持。善法、惡法、外道法、魔法，修行人都要試過，如果都沒有試過，那有什麼用呢？

「三由此宴坐，是不共法，如是威儀，外道他論皆無有故」。

第三跏趺坐是千佛所傳，佛佛相傳，不屬於外道法。外道有種種坐法，所以有九十六種坐法之說。

「四由此宴坐，形相端嚴，如是威儀，令他見已，極信敬故」。

第四是修定時，形相端嚴，這種威儀，令人產生信心和恭敬。

「五由此宴坐，佛佛弟子共所開許，如是威儀，一切賢聖同稱讚故。正觀如是五種因緣，是故應當結跏趺坐，端身正願者。云何端身，謂策舉身令其端直」。

第五，打坐起來身體端正，七支坐法。

「云何正願。謂令其心離諂離詐，調柔正直。由策舉身令端直故，其心不為惛沈睡眠之所纏擾。離諂詐故，其心不為外境散動之所纏擾，安住背念者」。

打坐修定必須先要正心，再按照這個方法，坐得端正，才不會昏沉，不會被外境所纏擾。

「云何名為安住背念。謂如理作意相應念，名為背念，棄背違逆一切黑品故」。

打坐坐好，威儀端正了，就「背念」，就是違背世俗的一切念頭，背棄一切黑品惡業的因緣，起心動念，貪瞋癡慢疑都沒有了。

「又緣定相為境念，名為背念，棄背除遣一切不定地所緣境故，如是名為威儀圓滿」。

如果念佛，就是心緣佛號；如果修光明法，則心緣光明，或自性光明。也就是心緣一境，排除一切的不定，沒有散亂心，這樣才是圓滿的威儀。

身心都捨　才能修行

「云何遠離圓滿。謂有二種，一身遠離，二心遠離。身遠離者，謂不與在家及出家眾共相離住，獨一無侶，是名身遠離。心遠離者，謂遠離一切染汙無記所有作意，修習一切，其性是善能引義利定地作意，及定資糧加行作意，是名心遠離」。

遠離一切染污作意就是「遠離圓滿」，心裡貪瞋癡慢疑等雜念妄想都要遠離；身遠離是不與人雜居。至於遠離無記作意，那就難了，大家大多「終日昏昏醉夢間」，佛學儘管聽了，佛經也看了，不但記不得，道理也沒有參通，腦子一點也不清醒，都在無記狀態。無記將來的果報是變成白癡，或入畜生道。無記就是沒有正思惟，儘管也讀經看經，也有思想，但不是在正思惟，所以得無記業果的人很多。

社會上為什麼笨人多？傍生也比人多，夜裡的昆蟲世界，比人類更多了幾千萬倍以上，這都是眾生。生物眾生都沒有智慧，都是無記業果來的，原因是多生累世不走正思惟的路。既然是學佛法，平時就要檢查自己，很多人佛學、佛經儘管在學、在看，真問到你佛學，一點影子都沒有，全不懂，都在造無記業。

我不是罵誰，只是提醒你們注意，無記業果是越來越笨，智慧開發不了，不能悟道的。不能悟道就是無記業果重，況且這一生的現行，仍在造無記業，讀書不用功，讀經不研究，只想多一點休息時間，都在偷懶。這是因為被受蘊所困，造受蘊之染污業，身體歪坐懶洋洋的，四大受蘊，威儀不正，懶散的舒服就是無記業。像我吧，眼睛發紅了，應該休息，為什麼這個課我絕不鬆懈呢？這就是話頭。所以功德不可思議，凡夫的業果也不可思議，果報也不可思議，千萬要注意。

無記也是你自己作意來的，是你的意識境界有意去造成的。因為你怕精神不夠而偷懶，如果有人叫你五分鐘之內跑到十二樓，不然就殺了你，你這時跑得比什麼都快，太有精神了。所以說，無記業也是你的作意，作意就是一種業；當然作意既有善業，也有惡業。所以講唯識哪有那麼簡單啊！《瑜伽師地論》研究清楚了，再研究其他唯識經論，把染污、無記所有的作意都要拋開，這才叫作萬緣放下。

你以為打坐什麼都不想是萬緣放下嗎？那正好落在無記，你不修還好，這樣的修起來，來生可能變豬。所以宗喀巴大師一直強調，無記、無想，自以為這個無想是入定，來生入畜生道，要變豬的。他強調這個，我也強調這個。你查《菩提道次第廣論》就知道了。

注意！打坐修行做什麼？「**義**」就是道理，包括世俗義理和第一義諦，「**定地作意**」就是智慧的定力。所以百丈禪師說：「靈光獨耀，迥脫根塵」。靈光獨耀是心地清淨光明，不是世俗的光。根是六根，塵是一切外緣，這是說，沒有身體和外緣的障礙了。「體露真常」是本性的顯露，你短褲上衣都不穿也露不出真常，只露出肉體而已。那個真常本性顯露，就是「**善能引義利定地**」的作意，是定的資糧加行作意。修定為什麼不能得定呢？因為你修定的資糧不夠，福報、智慧兩種資糧都不夠。定資糧是要修加行的，不但要修四加行的加行，還要修各種加行。所以為什麼要教你各種運動，為什麼要用飲食、醫藥、臥具等這樣供養你？因為供養好，大家營養調好，都是為了修持的加行。事實上最大加行就是諸惡莫作，眾善奉行。「**是名心遠離**」，身心遠離才是修道人。

「**如是此中若處所圓滿，若威儀圓滿，若身遠離，若心遠離，總攝為一，說名遠離**」。

遠離世俗，才是真出家。總歸起來，身心遠離，處所及威儀都圓滿，跳出紅塵去修，算是修行，這才叫出家。

念念純善流注

「云何心一境性。謂數數隨念，同分所緣流注無罪適悅相應，令心相續，名三摩地，亦名為善心一境性」。

如念佛專一，一心不亂，也就是「**心一境性**」。「**謂數數隨念，同分所緣流注無罪適悅相應**」，在《楞伽經》上有「流注住」的道理，法相學來講，有妄想流注，凡夫一切眾生業力都在流注。流注就是念頭像一股流水一樣，一念一念的接著流，中間切不斷，「抽刀斷水水更流，舉杯消愁愁更愁」。一切眾生業力流注，就是第六意識妄想不停的流注。流注也沒有關係，只要是善的流注，就是佛菩薩所開示的一條基本修持之路。

說妄念頓斷，斷得了嗎？斷了就屬於斷見，偏空。但是你念念流注，把念頭的前後切斷，三際托空，這空的境界也是流注，也就是念念在空定中間流注。正「**三摩地**」是空、無相、無願，前念不生，後念未起，中間當體即空，空相也是流注，流注空。所以法相很難講。

譬如念各種咒語真言，念念流注，沒有雜念，念念純善，只有咒語。乃至「唵、阿、吽」，一念萬年，萬年一念，怎麼會不成佛呢？「**同分所緣流注無罪適悅相應**」，心中沒有善惡是非之念，非常舒適。「**令心相續**」一念萬年，萬年就是這一念，這叫三摩地，定境，也叫善的心一境性。修行就是這樣修，不這樣不叫修行。你們常講：我念頭空不了呀！你們是想把念頭空掉，怎麼空得了呢？那是壓制。所以你們法相唯識的道理也不通，要念念流注善，在善心流注上的心一境性，才是修定的基本原則。

「**何等名為數數隨念。謂於正法聽聞受持，從師獲得教誡教授增上力故，令其定地諸相現前，緣此為境，流注無罪，適悅相應，所有正念隨轉安住**」。

一念一念跟著來，就是「**數數隨念**」。聽聞了正法，聽懂接受了，也得到善知識教誡的方法，就依此修持。這是「**增上力故**」，就是上師的相應，善知識的智慧功德力量加持你，因而懂了應該入哪一種定，那麼定地的境界就擺在前面。譬如念佛的，就在佛境界上；修準提密法的就在準提境界上。

「**緣此為境**」，依這個境界不變，「**流注**」，念念在此，一念萬年，萬年一念，「**所有正念隨轉安住**」，所有念頭都轉了，轉成了這個正念境界，這才叫「**安住**」在定境上。

這是重要的大法，假如是密宗講到這個地方，就是傳密宗的基本大法，一定會說：傳大法，大地震動。我也不是上師，不來這一套，只是你們要知道基本修持的道理，正式修行之路正是如此。（此時台灣忽有輕微地震）大地也震動一下，正好給我們碰上。所以你們要注意，這樣修行才是正修行的路。

「**云何名為同分所緣。謂諸定地所緣境界，非一眾多種種品類，緣此為境，令心正行，說名為定，此即名為同分所緣**」。

你或者念佛，進入定的境界，一句佛號三根普被，所緣是大家共同的，這就是「**同分所緣**」，不是屬於哪一個人的，也不屬於某一階層人的。

「**問：此所緣境是誰同分，說為同分**」。同分所緣境界，是跟誰同分？是與哪個方法同分？

「**答：是所知事相似品類，故名同分**」。這個修行的方法歸納起來，同一個歸類叫「同分」。

「**復由彼念於所緣境，無散亂行，無缺無間，無間慇重加行，適悅相應而轉，故名流注適悅相應**」。

譬如念佛，所緣境界是一句佛號，或者一個定境，沒有散亂，當然也不昏沉。不散亂，不昏沉，就這一念，一晃就是兩個鐘頭或半天過去了，而只覺得是一剎那之間，這種定境叫「**無缺無間**」。因為在這個定境上，「**無間慇重加行，適悅相應而轉**」，這兩句在修行上非常的重要，講到這裡，也應該是大地六種震動的。

定境是不散亂，不昏沉，這一念就定，當你在這定境界上不昏沉，不散亂，念佛的人真念到這個境界，佛號也念不起來了，也沒有佛的觀念了，一念一定，覺得只有一下下，實際上半天、一天過去了。這個時候「**無間**」，沒有間歇性，「**慇重**」，諸佛菩薩同你一樣非常誠敬。「**加行**」，煖、頂、忍、世第一法，都來了，自然一身發「煖」，身體就軟了，自然就「頂」，上下通了。「**適悅相應而轉**」，身上業力也轉了，心念也轉了，因為心這一念，都在定境界上，都懂了吧？

（有位同學坐在那裡微抖著腿）

腳不要抖，這個動作的習氣要戒掉，不戒掉會倒楣，運氣不佳。一個人千萬不要抖腳，坐在那裡兩腳這樣抖動，有錢則錢抖光，有人則人抖光，家破人亡。如果出家師父，則茅蓬都會抖掉，所以抖不得的。我有好幾個朋友，生意做得好好的，他坐在那裡腿就抖起來。我說不要抖呀，他還說是這個腿自己想抖，不是他故意要抖，而是下意識自然抖的。結果抖了三個月，五百萬就抖光了。所以這是一個相，威儀莊重、莊嚴很重要，不可以抖，要把它戒掉才行。換句話說，你身體想抖，就是氣機不能下行，年紀大一點就易得高血壓了。

所謂「**相應而轉**」，轉個什麼呢？不是臨去秋波那一轉，是身心業力都轉了，故名「**流注適悅相應**」。流注什麼呢？不要看到「**流注**」這個名辭就想到妄念，這裡不是妄念流注，此處就是念念清淨流注，那就是佛境界。

西方極樂世界是阿彌陀佛、觀音菩薩的念念正念，相續力量流注而成的淨土，所以流注就有如此的重要。

「又由彼念於所緣境，無有染汙，極安隱住，熟道適悅相應而轉，故名無罪適悅相應，是故說言數數隨念，同分所緣，流注無罪，適悅相應，令心相續，名三摩地，亦名為善心一境性」。

此心念念流注，一念萬年，就叫入定，也就是三摩地境界，心一境性就是禪定的境界。

「復次如是心一境性，或是奢摩他品，或是毗鉢舍那品」。

或者止，或者觀，前念已去，後念不生，當體即空。空境界一止就是正止觀，就在空念境界，知道此念自性體空，緣起性空，性空緣起。這一空也是中道觀，這一觀，瞭解清淨就是毗鉢舍那。

「若於九種心住中，心一境性，是名奢摩他品」。

佛說有九種住心，以九住心來講，這個住就叫心一境性，就是止。

「若於四種慧行中，心一境性，是名毗鉢舍那品」。

這個境界以慧學來講，這心一境性就是觀。這一段很重要，要搞清楚，也有大地震動的記錄。你們出家修行，如果你碰到這個因緣，將來修行能不能成功，就從這裡開始，所以大家不要馬馬虎虎了。

第十二講

關於聲聞地的修定，上次講到止、觀、心一境性。

九種心住

「**云何名為九種心住**」。

有問題出來了，同學們可以想一想，為什麼這裡不講定，而講心住？為什麼只講心一境性，止、觀？大家要知道，所謂禪定的定，是中國佛學初期來時的翻譯名稱，因為《大學》裡「知止而后有定，定而后能靜，靜而后能安，安而后能慮，慮而后能得」的這個道理，所以翻譯成定。近世翻譯認為，這個定字不足以代表，所以就用「**心住**」。我們讀書，尤其讀佛經，這種地方都是問題，都是話頭。禪宗說參話頭，就是參究問題，所謂修行也好，佛學也好，如果這些問題不瞭解，修定、學佛，都是白搞的；等於〈三界天人表〉都搞不清楚一樣的道理。

普通佛學講心，講空，心空得了嗎？心是空的嗎？一般所謂講空，就像牆壁打個洞叫空，其實那也不是空，那是一個洞。如果說空，好像是說一切念頭都沒有了；等於一支香燒化了，這支香就沒有了，就叫作空。這是斷見（斷滅空）、外道見解、魔道見解，不是真正的佛法見解。空是形容辭，譬如天空是空的嗎？物理科學上說的太空、外太空，它是空的嗎？因為天空是空，所以含藏萬有，萬有的種性都在內，空是它的相，所以《心經》上說：「是諸法空相」。

如果說空為體，是指心的作用的話，也是落於斷見。斷見與西方的唯物思想學派一樣，所以東南亞，尤其越南當時的小乘道，拿小乘佛學與唯物觀念的觀點相提並論，而被唯識學派混同了。認為人死了本空，所以何必修持，或認為此心沒有空與不空，也沒有什麼心定住。

心定在哪裡呀？「定住」是個形容辭，譬如小孩子玩那個陀螺，雖然在動，但因它轉動得太快了，所以看起來是不動，實際上動得很厲害。譬如電風扇，剛開的時候可以看到扇葉在轉，轉到最快的時候，好像不動了，看不到電風扇的扇葉了，所以定是大動。

世界上沒有靜的東西，所謂靜態，是那個動態動得太慢，或者速度特別快，表面上看來它好像不動。又譬如地球，它不停的在動，可是我們坐在這裡沒有感覺到它在動，因為體積太大了，反而覺得它是靜的。譬如坐在汽車上，火車上，飛機上，動得太快時，我們坐在裡面反而感覺好像沒有在動。

佛法是求證了生死，了生死還是小乘的，大乘認為生死何必了，諸佛菩薩都在六道輪迴中，發願生生世世再來，因為生死為一貫，了與不了是一樣，這是大乘。所以幾十年前，有學者罵禪宗是小乘道，因為禪宗標榜了生死。生死沒什麼了不起，生死如晝夜，死等於睡眠，生等於醒了。這在佛法來中國之前，中國文化已經知道了，所以大禹就講「生寄也，死歸也」。生是寄居，在這個世界上作客；死是回家去，休息一陣再來。所以了生死不是斷生死，不是說我不來了。

我也常聽有人講，下一生不來了，那是外道的說法。不來？你到哪裡去？真要不來，還要有生到五不還天的工夫，才能勉強請個假不來。阿羅漢住八萬四千劫的大定，只不過一彈指，一剎那間就出定，不回心向大乘就不能證得菩提。所以止、定、空，我們儘管那麼講佛法，其實講的是外道知見；而自己搞不清楚，還以為自己說得對，所以修行也證不到。玄奘法師翻譯，怕人再走錯路，就翻成「**九種心住**」；古人把「**心住**」也翻成停心，就是心住在那裡。

那麼我再問你們一個問題，所謂住，與唯識有沒有關係？（同學答：有，是作意。）作意的心堅固，勉強說為心住，《楞伽經》講，「流注住」即心住。流注住，此心如流水一樣永遠在流注，住了，這個原理先要懂。

「謂有苾芻，令心內住、等住、安住、近住、調順、寂靜、最極寂靜、專注一趣，及以等持，如是名為九種心住」。

這九種心住，是個綱要，先要把握。心住就是正定，打坐坐在那裡十年，心不住沒有用，那只是凡夫定，還是大凡夫一個，沒有走上佛法的正路。佛法講，定則心住，「**內住、等住、安住……**」共有九種心住，這是大原則。大家也打坐，心調順過沒有？沒有，天天都在煩惱生氣，這樣不對，那樣不對，也就是不調順，心在跳動。必須先把心調順，然後才可能寂靜，要做到心念專注於一趣，趣者趨向也，即心住的境界，普通講就是定。

像你們打起坐來，這裡氣脈動，那裡氣脈動，心沒有住於一趣，因此你感到頭頂上跳動，腿上跳動，丹田裡有一股氣，心散亂得很，並沒有調順，也沒有寂靜，也沒有專注一趣，然後自稱氣脈通了。你通到哪裡去啊？通到棺材裡去，照樣是生死輪迴中。大家學佛的都要隨時注意，「**專注一趣**」是定，又能悟到了理，就是定慧「**等持**」，這樣名為「**九種心住**」。下面再逐項解釋。

拴住你的心　令心內住等住

「**云何內住**」。

「**內住**」不是一般守身體內部的某一點，不是道家守竅、轉河車，密宗修氣脈。有些還怕元氣漏掉，屁都不敢放，甚至小便也不敢放，說要用什麼工夫把它化了等等。這都是會要你命的，會中毒的。世界上有很多這一類的修道，常常有人寫信來問，不勝其煩；尤其年輕人這個樣子修道，簡直糟蹋自己，不走正路，真該死。所以「**內住**」不是在身體內部搞，不是這樣的。

這是止的境界，是奢摩他，才是「**內住**」。平常這個心是散亂的，向外走的，這事，那事，事情永遠辦不完，說只要這件事辦完就要專心修行，都是藉口，是自欺的話。天下的事，到死也了不了，沒有了的事，雙腿一盤，兩眼一閉，就準備了了。其實不要閉眼睛，坐在這裡，當下就了了，算不定整個大地沉下去了，你說我還沒有了，慢一點沉下去，做得到嗎？

「謂從外一切所緣境界，攝錄其心，繫在於內，令不散亂，此則最初繫縛其心，令住於內，不外散亂，故名內住」。

一切攀緣心，散亂心，都要放下，放得下嗎？放不下，所以要「**攝**」，像照相一樣，攝中一個焦點，把心收攝下來，關起來。「**錄**」，把自己心歸到一個境界上，譬如淨土，歸到一句佛號。這是個方法，就把自己這個心，用這句佛號「**攝錄其心，繫在於內**」，一條繩子一樣拴住，不要跑出去。這個「**內**」是形容辭，不是身體內部，是念定在一點上不動了，或者繫在一句佛號上，或者一個明點上。這樣把心拴住，心就不再散亂了。

《西遊記》中形容，孫悟空跳來跳去，本事很大，到了如來佛的手心就跳不出去了。佛的手心就代表真如，心意識跳不出真如本體。佛手一翻就把他鎮壓在那裡，真如一動就是無明，此心被無明鎮住了。我們現在都是孫猴子，鎮壓在五行山裡，身體就是一座五行山，永遠跳不出來，只露出一個頭來，饑吞鐵丸。《西遊記》就是這樣形容，觀音菩薩貼了一張符在孫悟空頭頂，他就跳不出來了。符上是六字大明咒，唐僧要取經，觀世音菩薩叫他把那張符撕掉，猴子就出來了，再用那金箍圈給他戴上。一般人念佛打坐當然很煩惱，坐也坐不好，定也定不了，就像孫悟空戴金箍咒帽一樣。所以要「**令住於內**」，不要散亂，這叫「**內住**」，是初步的止。

「**云何等住。謂即最初所繫縛心，其性麤動，未能令其等住遍住故，**

次即於此所緣境界，以相續方便，澄淨方便，挫令微細，遍攝令住，故名等住」。

定慧相等就是「**等住**」。像你們都有一點經驗了，也打坐幾個月了，「**其性麤動**」，心還粗得很，心如猴子跳來跳去，蹦來蹦去，偶然三天五天，撞到一堂坐得好一點點，一個月之中，偶然撞到幾分鐘清淨一點，有吧？（同學答：有一點），那已經要在祖宗牌位前燒三支香了，謝祖隆恩，不知道祖宗幾劫、幾世積德來的。平常坐在那裡，看你樣子是在打坐，內心粗躁動亂。「**未能令其等住**」，不能使心定慧相等，定在那裡，更做不到「**遍住**」了。「**遍住**」就是行住坐臥，上街辦事，辦公開會，乃至講話都在定中。

大家做不到吧？做不到怎麼辦呢？就要緣一個境界，念佛或是空心靜坐。佛法只告訴你繫心一緣，這方法你就要找明師去了。什麼方法可以「**相續方便**」呢？有時候瞎貓碰到死老鼠，把那個境界連續下去，保留不動，行住坐臥，辦事走路，都在這個境界中，要相續不斷。這個裡頭有方便，方便就是方法，「**澄淨方便**」是像一碗水，一杯茶一樣，你要使它慢慢澄清下來，要有這種方便，更要各種方便配合起來。「**挫令微細**」，玄奘法師翻譯經典用盡了心思，這個「**挫**」字，是把一個東西挫細，慢慢挫，把它挫微細光滑。「**遍攝令住**」把這個心收攏來，其中要有相續和澄清的方法。這樣叫作「**等住**」，等於說，剛剛定住的心，又再進一步了。

真正的無記業　可怕的無記果

像你們打坐，有些人瞪起眼睛，好像黃金掉在地上，深怕它跑了的那個樣子。那個不是繫心一緣，那還是在身體上做工夫，硬把神經搞得很疲勞，覺得身體像是定住，這是不對的。眼耳鼻舌身意，加上腦神經疲勞，就想休息，想靜定下來；那並不是定呀！那是無記住，業果很可怕的。

所以我今天一定要慎重的告訴大家，因為所有的經典，所有的唯識學家，都沒有講清楚；也因為今天忽然有人問起了這個問題，所以我才想到，應該跟大家講一講唯識學的說法。

唯識學把人的業性分三種，善、惡、無記，大家在講唯識學時，把善惡講得很清楚，卻都不大管無記。實際上自性形而上本體無善無惡，非善非惡。一般所講的所謂的善惡，是對後天自性的作用而言；但是後天有一個作用比什麼都厲害的，就是善惡之間的無記。一切眾生皆同時具有善、惡、無記的三性。所謂修定修慧就是要去掉無記，無記的原理就是無明，《楞嚴經》說「圓明照生所，所立照性亡」，無記就是陰暗面，冥頑不靈，渾然不覺的狀況，也就是無明。

關於無記，大家要反省看看，讀書如果記不住就是無記，有人天生定力腦力不夠，原因就是前生無記業的果報，無記與失念，幾乎是不可分的。一個人學什麼都不成，看什麼書都看不進去，更記不住，統統是無記。所以人一生的行為，行善也好，做惡也好，都在無記中；修定而定不住也是無記，一切皆在無記中，在「終日昏昏醉夢間」活了一輩子。所以人愈老愈無記，什麼都忘記了，來生再投胎，又是一個昏頭昏腦不能自主的人，都是受業力果報推移之故。

為什麼阿羅漢入定可以知道五百生的事？大菩薩入定更知道五百生（有說八萬劫）以前的事。為什麼有宿命通？因為他自性裡沒有無記了。所以自性如太陽，太陽光本來遍照各處，對不對？但是有山或高樓擋住，就看不清楚了，因為有陰影，這個陰影就是無記。所以定力不夠，智慧不夠，大家統統在無記業力的範圍中。

我這樣開大口是前人所沒有講過的，對無記的嚴重性也沒有這麼強調的。我們也在讀書，也在用功，但大多數都在無記中用功，怎麼搞得好呢？當九住心到了「**等住**」時，就有了「**澄淨方便**」，無記才慢慢轉變消除了。所以得定的人，必定發慧，因為智慧的光明打開了，無記除去了，無明去掉了就是明，「光明寂照遍河沙」。所以有一法不知，一理不知，一事不知的，就是在無記無明中了。希望你們好好努力，不要以為自己什麼都不喜歡，教理也懶得看，只想打坐，認為就是修行了。你打的什麼坐啊？你修的是無記，所以要特別注意，修行要與教理配合才行。

安住近住　更要調順

「云何安住。謂若此心雖復如是內住、等住，然由失念，於外散亂，復還攝錄安置內境，故名安住」。

這是講心路的歷程，就是用功過程中的心理狀況。什麼叫「**安住**」？二祖神光見達摩祖師，「乞師安心」，安心真是難呀！二祖工夫比你們好吧？學問比你們好吧？他還說此心不能安啊！就算安心、安住這兩步工夫做到了，這個境界達到了，不用功就會失念。所以你們念佛也好，觀明點也好，觀白骨也好，即使所緣的境界觀起來了，那個境界不過二秒鐘吧！其他的時間，統統在失念中，對不對？沒有冤枉你們吧？都在失念中，都在無記中。由於失念，向外散亂，所以隨時要有方便把心收回，定在所緣的境界。或者是念佛號，或者觀明點、觀白骨的，或安那般那，就這樣在心一境性上，「**故名安住**」，這才是安住。

「云何近住。謂彼先應如是如是親近念住，由此念故，數數作意，

內住其心，不令此心遠住於外，故名近住」。

什麼叫「**近住**」呢？這是學理的名辭，所以你們要通儒、釋、道三教，這就簡單了。《三字經》的「人之初，性本善，性相近，習相遠」，性近習遠；人的本性，本來很清明，就是近住，習氣越多，離開本性的清淨面越遠。所以孔子早就明白自性本來就在目前，自性本來很近，就在目前，因習氣的隔離而相遠，被習氣蓋住了，所以愈來愈遠，沒有光明了。「**近住**」也是「性相近」的道理，所以經常要修「止」，正念要內住。這是意境上自淨其意的修持，不要讓心向外流散，所以叫「**近住**」。

「云何調順。謂種種相令心散亂，所謂色聲香味觸相，及貪瞋癡男女等相，故彼先應取彼諸相為過患想，由如是想增上力故，於彼諸想，折挫其心，不令流散，故名調順」。

後世修行的，自明清以後直到現在，禪宗參話頭的，參禪的，唸一句佛號的，我幾十年看來，不管修哪一宗，沒有幾個人成功的。為什麼？因為修行不通理，教理不通，「通宗不通教，開口便亂道；通教不通宗，好比獨眼龍」。獨眼龍還是客氣的，好比瞎眼的龍，瞎龍一條，有什麼用？所以不管修哪一宗，先要把教理搞通，文字都看懂了才行。你也以為自己真懂了，這文字是很好懂，對不對？（同學回答：對），其實都沒有懂。原因在哪裡？你沒有用心去看。「**云何調順**」這句話，文字一唸就懂了，對不對？以為懂了，一下子就看過去了，所以打坐坐不好，因為沒有真懂。

你檢討自己的話，看「**色聲香味觸相**」，一定會說自己沒有這些相，因為自己也不出去，也不打扮。不過，你看到有人打坐，前面鞋子沒有擺好，你就坐不安了，那不是相嗎？鞋子不是相嗎？那個門沒有關好，別人的座位沒有擺好，你看了心裡煩惱一大堆，那不是相嗎？有人咳嗽一聲，或鄰座放了一個屁，你馬上坐不住了，那不是相嗎？色聲香味觸法，外境一動，你沒有不動的。文字看懂？看懂有什麼用？經典文字誰看不懂？認識中國字的誰看不懂？你自己檢討一下，想過嗎？所以心不能調順，尤其你們團體生活，這個不對，那個不對，都在煩惱中。你說已經調順了，不要自欺欺人了；再說，天天都在貪瞋癡中，男女相更是令人心亂。

佛在世的時候，佛弟子們一聽佛開示，有些人當場就證阿羅漢果；有些修持七日，乃至二十一日就證果。為什麼我們搞了幾十年還沒有證果呢？因為大家對自己心路的檢討不清楚之故。「**先應取**」，取什麼？拿現代話來講，把自己心理中，最重的壞習氣取出來，把自己追逐外相，這種過患的心理毛病抓出來，把它洗刷乾淨。「**由如是想增上力故**」，要作意，把自己不能定下來的原因檢討出來，像找盜賊一樣，帶兵剿匪，先把這個土匪頭抓了再說。「**於彼諸想**」，對於一切著相的心，「**折挫其心**」，慢慢把它斷滅，一點一點把它挫乾淨，「**不令流散**」，叫作「**調順**」。

有人說：我打坐心念散亂得很厲害，老師啊！教個辦法好不好？教你什麼辦法？經典上告訴你調順自心，因為是自心在散亂，你不問自心，問我幹什麼？你問佛，佛也沒有辦法，佛已經告訴你了。你為什麼散亂？這不是一個話頭「念佛是誰」可以了的。念佛是我呀！還要參個什麼？幾百年來的禪宗，本來沒有參話頭，用一個「念佛是誰」的話頭來，不知埋沒了多少修行人。念佛是誰？是我呀！那我是誰？那就參「我是誰」，不就好了嗎？參了半天我就是我呀！四大不是我，意念所在即是我，所以西方後世法國哲學家笛卡兒說的，「我思故我在」，我思想，就是我。但是無思的那個也是我呀！我在無思呀！這個話頭還要參嗎？怪不得禪宗、佛教要衰落。

真話頭是經教，經教才是話頭。《瑜伽師地論》告訴你的是正路，要調順，修行要先調順自己的心。這發揮起來就很多了，你的脾氣就屬於瞋心，愛乾淨也屬於貪瞋，愛看書也屬於貪，處處可見。你如果沒有貪心，就不必到這裡來了，你早到彼岸去了，大家都有貪瞋癡等習氣的。這些習氣調順了以後才可能寂靜。

寂靜再寂靜

「云何寂靜。謂有種種欲恚害等諸惡尋思，貪欲蓋等諸隨煩惱，令心擾動，故彼先應取彼諸法為過患想，由如是想增上力故，於諸尋思及隨煩惱，止息其心，不令流散，故名寂靜」。

心靜下來就是「**寂靜**」。種種貪欲、瞋恚惱害等心，都是「**令心擾動**」的。我們人一天二十四小時，不正的念頭就是惡想，不正的尋思是惡思。大家檢查一下自己每天的心理思想，二十四小時中，有幾個念頭是好的呀？都被財色名食睡的小五蓋蓋住了。還有許多隨煩惱，都容易擾動你的心，所以先要了解心理上這些惡法，然後使心不隨這些境界轉。

如果你說，我已出了家，每天住在茅蓬裡，又不看電視，又不求名，也不求利，外境與我沒有關係呀！可是你那貢高我慢，好高鶩遠的心思，自以為是的心，就是惡法。所以要一步一步「自淨其意」，要從意識上修學自淨才是。不管大乘小乘，這一句是真佛法，「自淨其意，是諸佛教」，是三世一切佛的教化。做到了心不流散，散亂心不流注，這樣才叫作寂靜。

剛剛跟你們提到無記的嚴重，你光曉得善惡，而你們做了惡事都無記，你們大多數同學都這樣。要你辦事要你做事，都是觀察你們，你們十個裡頭有五雙都是落於無記，前面做了，後面就忘了，東西擺在這裡都忘了，乃至不知道了。我的東西放在這裡，你碰到一點點，我一看就曉得了。為什麼你做不到讓我看不出來呢？因為你無記，隨手做了，隨手就無記。做事如此，背書也如此，我讀書如果像你們這樣讀早就完了。現在我所用的，大多是小時候讀來的，背來的。許多歷史上的事，我十二歲就記下來了。現在讀書也是一樣呀！看到重要的，心念一靜，告訴自己要記下來，就記住了。

我父親教我的，他說「讀書要記到藏裡頭去」。當時我也不懂，我父親大概也不懂，想必是以前他的長輩這樣教他，他也就這樣子教我。後來長大研究了以後才知道，這句話是佛法的話，要記到第八阿賴耶識，藏識裡頭。所以心一靜下來，就不要去背了，這個一靜下來這個境界，一定，定住了以後，就不會忘記了，所以要記到第八阿賴耶識去。像你們這樣死背，背到斷了氣都沒有用，因為你是散亂心去記，所以要把無記的道理搞清楚。

什麼是失念

「云何名為最極寂靜。謂失念故，即彼二種暫現行時，隨所生起諸

惡尋思及隨煩惱，能不忍受，尋即斷滅除遣變吐，是故名為最極寂靜」。

難呀！這個文字不容易懂，也要你們留意，將來想弘揚佛法，想自己成就，教理不肯研究，你會有成就嗎？

凡夫之所以為凡夫，因為失去了正念。自性本來清淨，這個理論大家都知道，所以一般學佛的誤解，認為自性本來清淨，用不著修。禪宗的教育法就是一棒喝，一耳光，他還是不懂，他還說，本來清淨還要你來說嗎？所以佛到最後說：「無法可說」，只好拈花了。本來不可說，既不可說，那你說法，說自性本來清淨，你說個什麼！迦葉懂了，就微笑了。所以你們不要好高騖遠說：自性本來清淨，我也悟到了。你悟？你是聰明反被聰明誤！實際上你們何以不能清淨？因為「**失念**」，失去了正念，就是失去自性清淨這一念，懂了吧？

所謂「**二種暫現行**」，就是我們的習慣，是阿賴耶識帶來的種子，喜歡思想、尋思。大家叫自己有一秒鐘不要亂想，做不到對不對？因為是習慣性種子，種性帶來的尋思。一邊在思想，思想中間就有煩惱了，今天錢少了一塊，明天這個人對我不起了；然後想小的時候與某人打了一架，那個傢伙太可惡，都想起來了，這就是尋思、煩惱二種。這是阿賴耶識種性的陰暗面帶來的習慣，因為失去了清淨本念。

所以你這一生開始修持，雖然知道自性本來清淨，但就是清淨不了，現行不能清淨，因為種子生現行，你的種性是如此。種性哪裡看得見？臉相一望而知，每個人臉相都不同。有些人臉帶兇相，眼帶兇光，斜戴帽，歪穿衣，然後嘴巴又歪，眼又斜，一看就知道他那一臉業性種子。調皮的就一臉調皮相，假聰明就一臉假聰明相，這相怎麼變來的呢？是過去業力的種子種性所形成的，這一生就起了現行，就表現出來了。影響你心理某一種壞念頭厲害的，現行就在那裡很重的表現出來了。

壞念頭多，隨煩惱多，是「**諸惡尋思**」，自己沒有忍辱心，對外境界又不勤修忍辱；對內在的忍辱，就是種性帶來的習氣，就要智慧切斷，想辦法把這些種性、習氣裡的壞念頭，隨煩惱「**除遣變吐**」，把它轉變了吐出來。這樣才能到達「**最極寂靜**」，然後心得定。

這裡每一字之用都不馬虎的，玄奘法師翻譯的時候，幾百個人在一起，每譯一個字都反覆討論。不像現在人，讀了幾年英文，自己中文都沒有弄好，就把佛經翻譯成英文了。

我的天啊！害死外國人不要本錢的。我的好幾個學生都是翻譯經典的，他還哈哈大笑說：他們都說我翻得好呀。又說：我就把你那本《楞嚴大義今釋》翻譯給他們，他們高興呀！我所翻別的經典，他們外國人都看不懂。他真是昧著良心只想錢。有些大居士大和尚，有錢弄個譯經院，然後說對佛教有貢獻。貢獻？能不造地獄業果還算是好的。

所以當我把《楞伽經》《楞嚴經》翻成白話時，都是戰戰兢兢的，一個字都不敢亂翻。佛經的翻譯一個字錯了，五百年變野狐狸身，所以每一個字都很重要的。

專注　等持　任運

「云何名為專注一趣。謂有加行，有功用，無缺無間，三摩地相續而住，是故名為專注一趣」。

專注是心心念念流注在一念，譬如淨土念佛的人說「一心不亂」，拿教理來說，這四個字就是「**專注一趣**」，就向這一條路上去。這裡告訴你要修四加行，煖、頂、忍、世第一法，不管你修哪一個法門，四加行是離不開的。所以另一本經典《現觀莊嚴論》，專門注重四加行的道理，沒有證果位之前，心心念念不敢失念。「**有功用**」是天天在用功，念念不斷，沒有缺失，也不間斷，行住坐臥都在這三摩地，都在這三昧定，一心不亂的境界裡。「**相續而住**」，連續不斷在這個定境上，做到時，在教理上叫「**專注一趣**」。

「云何等持。謂數修數習、數多修習為因緣故，得無加行、無功用任運轉道，由是因緣，不由加行，不由功用，心三摩地任運相續，無散亂轉，故名等持」。

剛才我說佛教有一句流行的話，「通宗不通教，開口便亂道」，有許多人學禪宗的，死參一句「念佛是誰」，也不參究祖師語錄。學淨土宗的，認為一句佛號就夠了，教理不看，淨土三經都沒有讀過，〈大勢至念佛圓通章〉也沒有好好研究，認為一句佛號就包括一切，概括一切，那是把自己先蓋昏了頭。你什麼宗都懂了嗎？有人是通教不通宗，沒有真修持，佛學講得好有什麼用？彌勒菩薩告訴你等持，要「**數修數習**」，這樣慢慢用功。

譬如十一樓禪堂，這一學期你們是修腿的，先把腿盤熟，心地法門根本還沒有跟你講，你也做不到。不管在這裡三年五年，老實講，心地法門哪個人做得到專注一趣？如果有一個做到的話，我就皈依他。大家不過都是在練腿而已。但練腿也沒有錯，這屬於「**數修數習**」，如是如是你常去練習，由於這個因緣，慢慢就「**得無加行**」，不須要用四加行或其它的方法加行了。慢慢達到無功用道，也就是說，不需要像開始那樣的辛苦，自然都在定慧清淨的境界中「**任運轉道**」。這個時候煩惱妄想來了，會立刻化掉，就像禪宗祖師形容的，「紅爐點雪」，冬天下雪，下到紅爐上就沒有了，煩惱妄想到你心中就沒有了。法眼禪師的話，「到頭霜夜月，任運落前谿」，那才叫任運道，無功用行。

你們都曉得濟顛和尚吃狗肉，他是在任運道，無功用行中。他處處都是神通，他吃狗肉又喝酒，都是神通功德，你們可不能亂來，你不是濟顛。所以到了無功用這個時候，可以「**任運轉道**」。任運比自在還厲害，此心都住在三昧中，「**任運相續**」，一點散亂昏沉都沒有，一邊還在做事呢！還在弘法利生呢！所有的大師，大悟以後，都出來弘法利生，那是在任運道中自然而轉，是無功用道，這叫「**等持**」。

古來許多悟了道的禪宗祖師，多半出來弘法利生；有些祖師因為沒有到家，所以動都不敢動。為什麼公案裡那個婆子燒庵呢？因為那個和尚不敢動，在定境界上，腿都不敢放。所以老太婆不供養了，放一把火燒了庵，她說：我供養二十年的原來是個俗漢，就是說，她供養的這個和尚，沒有徹悟，未到無功用道。

六種力達到心住

「當知此中由六種力，方能成辦九種心住，一聽聞力，二思惟力，三憶念力，四正知力，五精進力，六串習力」。

要想修持達到心住，有六種力；修行是有條件的，這六種力你要反照自己了。

「初由聽聞思惟二力，數聞數思增上力故，最初令心於內境住，及即於此相續方便，澄淨方便，等遍安住，如是於內繫縛心已」。

第一及第二步，就是「**聽聞力**」及「**思惟力**」。開始由善知識那裡聽聞經教，有人就說：那好了，我不要看經，都聽老師講就好了。看經、研究經，也是聲聞乘的聽聞力啊！要多去研究教理，多聽聞，由聞而思修，不能不研究，聽而不思有什麼用？我看了你們的日記，你們國文程度早就看出來了，所以考試可以免了。而你們聽課，聽了也白聽，鼓勵也白鼓勵，罵也白罵，反正都到了不動地。不然為什麼聽了不能如法去做呢？因為你聽了不肯去思惟，沒有去研究，沒有聞、思、修，也不看經教。大藏經好幾部擺在這裡，沒有去思，更沒有去修，聞思修慧是必然的過程，要由聽聞、思惟二力而去修行。

你們也聽，也想，但是想是亂想，我心裡有數的。我每個禮拜看你們的日記，你們寫日記應該是寫真話，你以為我真那麼容易上你們的當啊？日記中十成裡有一成半是真話，八成半都是假話，甚至有些假話你還懶得寫出來。我看你們寫日記，是看你寫日記的心，你們不要玩這些聰明，這些聰明越玩你的業果越重，他生來世還是個笨蛋，更可能是笨蛋中的壞蛋。這個種子種下去還得了！只有至誠、直心才是道場。玩彎曲心理，跑江湖，你們也沒有我跑得多，你不必跟我來玩這一套。所以你們用功不用功，我用不著檢查就看得很清楚了；看你們這個臉相，走幾步路，講什麼話，做什麼事，已經很清楚了。

真修行，一念正修，身體內部與外面立刻就轉了。所以蔡先生前天跟我一同走路，一走路我就要他上十一樓禪堂去打坐，他一聽我這麼說，趕快上樓去打坐了。他知道自己身體內部已經不對了，他不像你們年輕人，敲都敲不醒。所以聽聞了經教，要思，要去求證。聞思修做不好，自己心理上要硬把它變成一種力量，非做不可；等於抽煙喝酒上了癮，這就是心理形成了力量。

所以聞思修力，像我們年紀大的唸書，雖在最忙的時候，每天夜裡不看一下書求進步，睡覺都不能睡的，求精進的欲望如此強烈。你們做到了嗎？所以要聽聞、思惟，使這兩種變成力量。再由「**數聞、數思**」的增上力，「**令心於內境住**」，慢慢養成修行的習氣，相續的方便，澄淨的方便，「**等遍安住**」，才把這個心在內拴住了。

「**由憶念力，數數作意，攝錄其心，令不散亂，安住近住**」。

這是第三步「**憶念力**」，如果教理通了，修行的道理明了，心力堅強了，念念在修行上，這個心不像馬一樣亂跑了，然後不失念，不但白天念念作得了主，夢中也都念念在追求佛法。因為不散亂不失念了，縱使做夢也都是在追求佛法了。這叫「**安住近住**」，相近的，性相近。

「從此已後，由正知力，調息其心，於其諸相，諸惡尋思，諸隨煩惱，不令流散，調順寂靜」。

這是第四步「**正知力**」，這個心隨時自淨其意，心中有把握了，正住了。從此以後，由於隨時在正知，正知形成了力，念念在正知中，起心動念，念念正知，沒有失念，沒有無記。「**調息其心**」，用正知正見的力調伏自己心的散亂，所以一切外相，「**諸惡尋思**」，隨煩惱都不起了，此心調順再歸到寂靜。

「由精進力，設彼二種暫現行時，能不忍受，尋即斷滅，除遣變吐，最極寂靜，專注一趣」。

第五步「**精進力**」，由於正知力，念念正知現前，沒有失念，沒有失去正思惟，晝夜精進。或者暫時的，或者現行時。比如現在你們都有脾氣，而且每人脾氣不同，這是種子帶來現行的業果，要把這個業果轉過來，不管是否暫時現行的業果，都不接受，自己要把它轉變。縱然暫時偶然起了「**現行**」，要「**尋即斷滅，除遣變吐**」，拋棄它，把它丟掉，就可以到「**最極**

寂靜，專注一趣」的境界了。

「**由串習力，等持成滿，即於如是九種心住**」。

第六步「**串習力**」，一個人誰肯修行？為什麼你們修行不上路呢？原因是串習不成功。古代用的銅錢，是一串一串的串起來的，串習是把念頭串起來，拴攏來。譬如念佛的人，白天有正知正見，沒有散亂心，不算數；夜裡做夢時，碰到境界沒有佛號，你這個工夫是白用的。能在做夢時，不論什麼境界，都還是一句佛號，這就有一點點把握了。最後到了無夢無想時，正念常在，能這樣的話，往生西方才能有絕對把握。你們考驗考驗自己做得到嗎？白天還裝成一副善人相，在夢中個個都是一副魔鬼相。坦白的說吧！夢中你那個本相都現出來了，貪心的更是貪得厲害，能提起正見，那多難啊！

其實修行很簡單，你就考驗自己，白天十二個小時，看自己的起心動念，有多少在正知正念中。可以抓一把紅豆，一把黑豆在口袋，起了一個壞念頭，把黑豆抓出一個，到晚上來數數看，大概都是黑豆，紅豆很少。慢慢改過來，紅豆多了，黑豆少了，到最後都是紅豆才行。不過，白天作得了主，夜裡做夢還是靠不住的，要夢中念念如此，才算到了初步。無夢無想時，正知正見現前，這就是比丘戒。比丘睡眠時觀日輪或月輪之光明，光明者無光明，無失念，不住無記，才有成就的希望。這叫九住心，是戒定慧的一個道理。

四個方法修九住心的定

「**當知復有四種作意，一力勵運轉作意，二有間缺運轉作意，三無間缺運轉作意，四無功用運轉作意**」。

九住心是修定的工夫，有四種作意的方法。「自淨其意，是諸佛教」，一切修行都是從第六意識開始修，不管哪一宗派都是一樣，沒有不從意識著手的。

「**於內住等住中，有力勵運轉作意**」。

這是第一種作意，開始內在用工夫，就是「**內住**」；乃至到了定慧現前之第二步「**等住**」的時候，那個心力硬要把自己轉化過來，就是要把自己壞習氣轉過來。當然很難，所以要力量，要勉勵自己，硬把它轉過來，叫作「**力勵運轉作意**」。

「**於安住、近住、調順、寂靜、最極寂靜中，有間缺運轉作意**」。

這是第二種作意，人的一生，睡眠又加上失念，活一輩子，頭腦清明沒有幾年，都在有間缺的狀態中。所以人生有一半的生活是賴在床上，睡眠是一蓋，是最懶惰的表現，是最懈怠放逸的，也是種性帶來的。有人的種性，他的四大乃至自性，念念清明，既不散亂又不昏沉，就不需要睡眠了。懂了吧？所以「神滿不思睡」就是這個道理。在用功到了第六七步時，還有間歇性的，就是有間斷性的懶惰、懈怠與放逸出來了。所以要「**運轉作意**」，要把它運轉過來。

「**於專注一趣中，有無間缺運轉作意**」。

第三種作意，到了心可以專一時，完全沒有間斷了，那就是你心力把它轉化過來的，真正達到一心不亂，心一境性。

「**於等持中，有無功用運轉作意**」。

第四種作意，是最後到了定慧等持，不需要著力的用功了，也就是行住坐臥打成了一片。

「當知如是四種作意，於九種心住中是奢摩他品」。

以上所說的，叫作修定、修止，每一個心理狀況，每一步工夫的境界，每一種變化，都分析得很清楚。你可以畫個圖表來看，才曉得佛經修心性的科學性。科學就是條理井然，有理論，有實證，有邏輯，分毫不能亂來的。紅的就是紅的，白的就是白的，一加一等於二，二加一等於三，不能亂來，這是科學的。

所以有人說：學佛不科學，沒有著手處。你把這個經文畫成表格，看看科學不科學？由心意識怎麼開始？由心理開始修，會發生什麼現象？有什麼經過？他都給你講明了，對不對？把這一套學好了，拿到外國心理學課堂上一講，會把洋人聽得眼睛瞪住了。其實幾千年前的佛都說過了，是你們沒有本事，有本事就拿這個去發揮一下，這是超過心理學的心理學。

「又即如是獲得內心奢摩他者，於毗鉢舍那勤修習時，復即由是四

種作意，方能修習毗鉢舍那，故此亦是毗鉢舍那品」。

這句話是說，修定的境界就是慧，修止的境界就是觀。六祖告訴你，「當定之時，慧在定中，當慧之時，定在慧中」，定慧是等持的。六祖這樣說，是禪宗不立文字的講法；現在彌勒菩薩完全用言語文字，由現象到戒體，給你邏輯分析，結果是一樣的。他說這個止裡頭就有觀，定中就有慧。所以站在毗鉢舍那品觀的立場來看，修止做工夫的過程，處處都是觀行，如果不是慧觀正知見，則達不到正念奢摩他止的境界。這裡把修定交待得清清楚楚的，下面是教我們做工夫，如何修觀。

四種方法修觀

「云何四種毗鉢舍那。謂有苾芻依止內心奢摩他故，於諸法中能正思擇、最極思擇、周遍尋思、周遍伺察，是名四種毗鉢舍那」。

什麼是四種觀行修觀？修聲聞乘道比丘們，根據上面所講的修定，此心念念皆在定中。「**於諸法中能正思擇**」，正思擇與正思惟有同有不同；玄奘法師喜歡用「**思擇**」，普通用「思惟」，玄奘法師也有用「思惟」。在講到法相的時候，他用「**思擇**」不用「思惟」。「思惟」是光去研究，去想，去參；「**思擇**」是正知正思正參，參出來對不對，還要自身求證，這是絕對邏輯的邏輯、因明。當你證到了空，還要反照這個空對了沒有。正思擇，是選擇，等於買來上品選過的黃豆，然後又在其中選出一粒上上品的來，為黃豆之王。智慧選擇，還要選到最高明的明珠，就是「**正思擇**」，這是第一種方法。

第二種方法是「**最極思擇**」，修行不是不可以用思想修，你們用妄想修行，我都贊成，就因為你們沒有妄想的本事。妄想是大學問家，大思想家，他的妄想真到了家，到了極致。你不要看笛卡兒講「我思故我在」，蘇格拉底回家站在門口，想起一個念頭，一日一夜站在門口參，風雨來他都不知道，那不是定嗎？不是慧嗎？

所以中國儒行的理學家程明道講：「道通天地有形外，思入風雲變態中」；另外比孔子還早的管子曾說：「思之，思之，鬼神通之」。老實講你們學問為什麼不成就呢？因為你們吃飽了飯不用思想。唯有佛及一切聖賢得道的人，講學問，他思想通了；講修證的宗下，放下以後，一念不起，通了道。一切都可以貫通，無門戶之見，所以又有學問又有道；如果不是大聖賢、大菩薩，是做不到的。你們呢？放下嘛放不下，提起來正思惟嘛又做不到，都在妄想中。不妄想嘛就昏沉，或者說「老師啊！休息時間不夠」，就想上床了。所以要「**正思擇、最極思擇**」才行，才是修行。

要你思擇到什麼程度呢？看下面，第三種方法是「**周遍尋思**」，挖空心思，任何一個問題都要把它參通，因為佛法是科學的、哲學的、政治的、社會的，所以一定要參通。

第四種是「**周遍伺察**」，什麼叫伺察呢？「思入風雲變態中」，思到了極點，思到了無思之心，就是「**伺察**」。所以《易經》告訴你「何思何慮」，《論語》上說：「天何言哉，天何言哉」，最後言語道斷，心行處滅，就是到達了「**周遍伺察**」。

所以你們要注意，並不是叫你們不讀書啊！你們有本事讀書嗎？一些不相干的書，閒書，你們沒有資格看的，我才有資格看！武俠小說一百多本堆起來，我四個小時就看完了，每句話都看過了。你們看小說，看閒書，一個字一個字慢慢啃，看一行下來大概要三五秒鐘；我們是眼一照，七八行看過去了。所以好好用功吧！不要浪費你們的青春光陰啊！我曉得你們看閒書的時間比看經書時間多，我心裡裝有閉路電視，逃不過的。看看吧！佛經告訴你，這樣四種毗鉢舍那，就是「**正思擇、最極思擇、周遍尋思、周遍伺察**」四種觀，修觀是這樣觀的。修止修觀，你怎麼觀啊？你拿眼睛去觀嗎？不是的，是心的法眼來觀。

什麼是正思擇

「云何名為能正思擇。謂於淨行所緣境界，或於善巧所緣境界，或於淨惑所緣境界，能正思擇盡所有性」。

這個「性」不是明心見性的性，這裡說「**盡所有性**」去思擇，還沒有說「如所有性」，只是到盡而已。到了「如所有性」則不同了，不用思擇了，已經是真如境界了。關於「**正思擇**」，這裡提出幾個內容，首先是「**淨行所緣境界**」，譬如修淨土的念「南無阿彌陀佛」，為什麼要念佛號啊？（有同學答：念佛能使自己制心一處，免於散亂。）那是你的經典，是你的經，也算是一本經，沒有錯，是本很好的經。你過世以後，後人可以唸你這一本經，所以五祖看了神秀的偈子也說：「依此修行，可免墮落」，將來的人依你的這本經典修行，也會得好處。

但是還沒有對，說你沒有對就是說，這是你的注解。為什麼念佛要念佛號呢？《佛說阿彌陀經》上說：若一日乃至七日，一心不亂，臨終時心不顛倒，即得往生極樂世界，可以見佛。《阿彌陀經》還是小本經，不是大本的《觀無量壽經》。根據經典，為什麼念阿彌陀佛佛號，可以見到阿爾陀佛？見到的是哪一個佛呢？也就是說，當我念到一心不亂，阿彌陀佛是不是真站在我前面呢？這算不算見到了阿彌陀佛呢？（同學答：不算。）為什麼不算？（同學答：要見自性彌陀。）

關於自性彌陀，這其中有兩種說法。不過你說的也沒有錯，這也是你的經典，你的佛法蠻好的，真的，不要沒有信心，不是罵你的，是獎勵你的。要念自性彌陀是後世的解釋，其中已經是淨土加上禪的解釋了。淨土本來不是這樣解釋的，這個裡頭大有研究了，你這個問題說得好，對的。

我說自性彌陀的這個說法，是有禪宗的解釋加入淨土宗裡去的，所以它不算淨土宗的正路。淨土宗正路的解釋又不同了，是要把淨土三經，《阿彌陀經》《無量壽經》《觀無量壽經》都看完，才知道淨土宗的道理，那就是「**淨行所緣境界**」，是正思擇。

所以後世有許多修淨土的，修密宗的，修禪宗的，都是在亂搞，不根據教理，也沒有去正思擇，都是自己產生一套理論做注解，認為自己這樣就對了。儘管是學佛，並沒有「依教奉行」，所以學佛的人要注意，你並沒有依照佛所教的去做。許多人腦子裡的佛法都是絕頂高明，那是你的佛法，不是「如是我聞」，應該是「如是你聞」才對。所以真正有修證的人，不管哪一宗，

「依文解義，三世佛冤，離經一句，允為魔說」，任何人講經說法，離開佛經一個字就是魔說。

但是，光是根據佛經，像上國文課一樣，照文字解釋，是不能使人修行得利益的，三世諸佛也照樣在喊冤枉了。因為有人把佛法拿來當學問、當哲學、當思想搞了，佛法完了，三世諸佛都在喊冤。

所以要正思擇，譬如剛才說的淨土宗，念一句佛號，即是「**淨行所緣境界**」。又現在大乘學舍的朝暮課誦，要依我所定的《華嚴經》的淨行品、普賢行願品修持。學佛學了半天，真正發願沒有？沒有發願不算數的，至少在我觀念裡，就把你除名了。大家早晚課要依教奉行，根據經典來檢查自己的心念，這比自己檢查還更嚴格，這也是「**淨行所緣境界**」，要正思擇。

正思擇另一個含義是「**善巧所緣境界**」，這是說方法，後世禪宗來了一個參話頭，就是正思擇。為什麼要參話頭呢？像參狗子有無佛性；又如密宗唸「唵嘛呢唄咪吽」……那麼多咒語，是幹什麼用的？這些都是修行的善巧方便。善巧方便你不能不懂，如《心經》的「揭諦，揭諦，波羅揭諦，波羅僧揭諦，菩提娑婆訶（所哈）」，「娑婆訶」是北印度的梵文，「所哈」是南印度的梵文。等於我們北方人講話一個字一個字慢慢的講，南方人就很快，慢的就是娑婆訶，快的就是所哈。揭諦本來是唸嘎諦，由北方傳到南方就變成揭諦了，都差不多，實際上都是變音。這些咒語都有善巧，「**善巧所緣境界**」就要正思擇。

另外包含了「**淨惑所緣境界**」，淨還有惑嗎？舉例來說，學佛學得好是學佛，學不好就學成佛魔了，把佛法變成魔相，每個宗教都會有這樣的情形，教徒是自己所信宗教的魔相，一副宗教面孔，這就是「**淨惑**」。這種人認為佛法是對的，沒有不對的，太執著了，執著了形相。太執著形式，就變成了煩惱，成為見思惑了。要解脫淨惑所緣，必須要正思擇。你以為是學佛，其實是在學佛魔，菩薩是何等解脫，哪裡會是一個佛魔相！

所以淨惑就要智慧來思擇，「**能正思擇**」，於一切佛法「**盡所有性**」，沒有哪一樣不知道的。中國儒家有一句話：「一事不知，儒者之恥」，一個孔孟的弟子，真正的儒家，天下事沒有不知道的。秀才不出門，能知天下事，佛法也一樣，「**盡所有性**」，如所有性，天上天下唯我獨尊，沒有不知道的，這才叫學佛。所以要「**正思擇，盡所有性**」，怎麼能不用功呢？

第十三講

現在講的是修止、修觀、修定、心一境性。出家修行為什麼做不到呢？拿中國話來講，為什麼一念專一做不到呢？原因是理不透，道理不透徹。不要以為自己看了一點點佛學、佛經，以及各宗各派近代祖師們的語錄，懂了一點點道理就行了，其實並不透徹。就拿淨土念佛來說吧，念佛念不好也是一樣，因為理不透，所以觀就修不好。觀不是眼睛去看，是心觀，心透這個理。所以現在講毗鉢舍那，你不要以為這就是正觀了，你連止、定，都沒有做到，怎麼正觀呢？換句話說，正觀做不到，則不能得止得定，現在大家學佛儘管打坐，但是觀不夠，慧不夠，所以你要好好聽下面這一段。

修觀的三綱要

「云何名為最極思擇。謂即於彼所緣境界，最極思擇，如所有性。云何名為周遍尋思。謂即於彼所緣境界，由慧俱行有分別作意，取彼相狀，周遍尋思。云何名為周遍伺察。謂即於彼所緣境界，審諦推求，周遍伺察。又即如是毗鉢舍那，由三門六事差別所緣，當知復有多種差別。

云何三門毗鉢舍那。一唯隨相行毗鉢舍那，二隨尋思行毗鉢舍那，三隨伺察行毗鉢舍那」。

第一「**唯隨相行**」，在修止的時候，是無分別影像；後面兩種，「**隨尋思行**」和「**隨伺察行**」，就是有分別影像。譬如只留一個佛像，或一念止在佛像眉間的一個明點，不管它的道理，就是隨相行的毗鉢舍那。「**隨尋思行**」，譬如大家看過任何一種佛經綱要，例如《大智度論》《宗鏡錄》《菩提道次第廣論》等，參這個念頭哪裡來，哪裡去的觀心法門。這是有分別影像，也就是有分別，有思想的；「**隨伺察行**」是參空，定慧到了那裡。下面都有解釋的。

「云何名為唯隨相行毗鉢舍那。謂於所聞，所受持法，或於教授，教誡諸法，由等引地如理作意，暫爾思惟，未思，未量，未推，未察，如是名為唯隨相行毗鉢舍那」。

什麼是「**唯隨相行**」？譬如修準提法、念佛、數息等等各種法門，你所聽到的，所領受修持過的這些法門，或老師教授、教誡你們的一切方法，「**由等引地如理作意**」，要在定慧之中如理作意，才是合於佛法的正修行的方法。

所以看到「**如理**」兩個字，應該心驚膽顫的，你們儘管在修行，是不是如理作意？這都是問題，因為大多都不是如理作意。譬如白骨觀你們都觀不起來，因為你理不透，不如理作意。譬如呼吸觀，也不如理作意，不能得到止息的境界。又如密宗的一個觀想都不能成就，也是不如理作意。「**暫爾思惟，未思，未量，未推，未察**」，這時就暫停一切妄想，也不加思想，也不加度量，不去測度到了什麼境界，什麼程度，也沒有觀察它，就在這個境界。如觀明點，就這一點明點，就是無分別的影像。至於這個是不是明點，這明點有黃豆大？綠豆大？太陽之大？虛空之大？都不去管它，不加思考，這就是初步的「**唯隨相行毗鉢舍那**」。

「**若復於彼思量推察，爾時名為隨尋思行毗鉢舍那**」。

在觀察明點，或觀白骨，或觀一個腳趾頭，觀起來的時候就尋思，為什麼要觀腳趾頭？骨頭又是地水火風四大中的哪一大？人是因一口氣而活著，氣屬於風大，一口氣不來就死了。人死後水份、溫度（火）馬上消散，四大的水、火、風都沒有了，留下來的只有地大。因此白骨觀先修地大，把地大觀空了，其它水火風就容易空。修行時一邊做觀，一邊「**思量推察**」，這種情形叫作「**隨尋思行毗鉢舍那**」，也就是加上了正思惟。

這一條懂了吧？（同學皆默然），學人不開口，十方三世諸佛下不了手，要說話，要問才是。如果都不懂，就要停下來，一定要把它搞懂才可以。吃了飯大家再想想看，人與動物是不同的，人是要用腦筋的，不是光聽，要思惟，要懂這個理，更要如理作意才行。

「若復於彼既推察已，如所安立，復審觀察，如是名為隨伺察行毗鉢舍那」。

像剛剛的例子，修白骨觀，一邊白骨觀起來了，一邊在慧上、理上也知道了，那麼所觀的境界與理上一配合，所觀的境界越來越定，慧力也越開發，「**如所安立**」，所安的建立了。「**復審觀察**」，再仔細的參這個理，這個樣子叫「**隨伺察行**」。「**伺**」是自己觀起來的境界還保留住，如觀明點、白骨觀，這境界沒有掉；一邊是慧力，在理上，智慧一直在成長。「**察**」是智慧的力量，去參究這個理與證得菩提有什麼關係。「**是名三門毗鉢舍那**」，這就是三個綱要，三個法門。

三綱中的六件事

「云何六事差別所緣毗鉢舍那。謂尋思時，尋思六事，一義、二事、三相、四品、五時、六理」。

在三個綱要法門中有六件大事，也就是六種觀法不同。這六件事，在修行做工夫，觀想或是唸誦時，是要注意尋思的。

譬如修準提法、大威德金剛等法門，一邊觀想，一邊唸誦，要六根回轉緣這個唸誦聲。在止的方面，不管你用金剛唸誦或者瑜珈唸誦，這是有分別所緣呢？抑是無分別所緣呢？（同學答：有分別影像所緣），不懂咒語的意義，應該是無分別影像所緣。如果說它是無分別嘛！你在唸咒語的時候，妄念又來了，咒語沒有唸好，再重來，又像是有分別影像所緣。不過，這不是有分別影像所緣，因為你們那個是妄念，不是分別，更不是如理作意。

什麼叫如理作意？如唸六字大明咒，你觀想四臂觀音，然後收攝六根在咒語上。這是意根在觀想四臂觀音，觀得不搖不動，咒語還在唸，這個時候止到極點，如理作意在「止」上，還沒有觀。「觀」是知道這是生起次第，然後到達圓滿次第，如何空念？如何此心、此念、此聲，一切與空相應？這個時候是如理作意的毗鉢舍那。這裡所解釋的，對於做工夫及理都很細，所以要特別注意，要細心去理解體會。

在「**尋思時**」，這是說得止以後，在定境界上要起觀。聽到觀，你以為意識裡有一點亮光，算是觀起來了嗎？我問你們，你們尋思，想想看！要正思惟，正分別看看！這個亮光觀起來的是什麼影像？是八識中哪一個識觀起來的？知道自己觀起來的那個是意識，假如觀起來的明點不變，又知道這明點在這裡，又知道這個明點觀得很清楚，但是，我問你們，這個明點影像是什麼呢？你們在這裡的青年同學，有做到這一步的吧？沒有。唉！這一步都沒有做到，那還談什麼觀！

你們不是觀，而是觀望，像旅遊觀光，看看這個地方究竟搞些什麼。你們止也沒有，觀也沒有，沒有辦法給你們講這些課；當然這些經典你們也看不懂，所以到處聽聽那些好聽的就算了，就算是學佛了。所以真修行之路，我曉得你們是沒有辦法的，要能真觀起來才有資格聽這些課。這些也不過是聲聞乘的，但是你們不要看不起，大乘菩薩如果不以這些為基礎是不行的。

假定你們現在用觀想去觀佛像，阿彌陀佛觀起來了，觀起來的佛，硬是現身了，丈六金身在這裡，在你意識境界上有，那金身佛，一身放光，莊嚴圓滿，就在目前，或者在身上；同時你也還在唸佛號；然後你知道自己進入了正觀的境界，不是邪觀。這樣有三個作用來了，這三個作用都是意識的作用。知道觀起來的也是意識，觀起來的佛身影像是第六意識的獨影境，唸佛號，一字一聲，是前五識及第六意識的作用。

不過，是哪一個意識狀況呢？如果說知道現在觀起來的那個才是意識，那觀起來的不是意識觀起來的嗎？是眼識觀起來的嗎？（有同學答：三樣都是），三樣都是？意識有那麼多嗎？那不是「多心經」了嗎？（有同學答：事實上一念之間可以做好幾個觀想），那個一念，又是另外解釋了，八識都在動，不只做觀，作用多得很，現在只講毗鉢舍那，這個止觀的境界。

注意！你們都不是如理作意，所以修行不上路，還用考試嗎？一考就倒了。你要知道，這還是你們的假想，你們當中，沒有一個到達這個境界的，如果有人的話，我恭喜你們了，修行可以說上一點路了。

剛才講的例子，是你們幻想的影像境界，你們還沒有做到對不對？（同學答：對。）要觀起來阿彌陀佛丈六金身，三十二相八十種好都具足，當然你們做不到；就連眉間的白毫相光這一相，也觀不起來。假定觀起來了，三十二相八十種好，具足在這裡，同時你還唸佛號，在這個時候，知道自己走入正觀，這是你的分別意識。觀起來的阿彌陀佛像，當然是你自己觀起來的，不是外來的；外來的，你作不了主的，就是魔障。你觀起來了佛像，又一邊在唸佛，那是第六意識的獨影境。

比如有人做夢，在夢中曉得自己在做夢，心裡想不要做夢了，這個時候意識有點要清醒了，但還是沒有清醒，而那個夢還是照做下去，對不對？那個夢是獨影意識在做，而自己曉得自己在做夢，也知道這個夢不舒服，不要做了，但是作不了主對不對？那個清明意識上想作主，但作不了主，因為獨影意識的力量太強了，其實還是意識的背面力量太強了，懂了沒有？

所以你們觀不好，不管是無分別影像的所緣境界，還是有分別影像的所緣境界，始終都觀不起來，因為沒有真進入意識的真獨影境的定境界。這樣講懂了沒有？（同學答：懂了。）

那麼為什麼說是獨影意識觀起來呢？因為你們在觀的時候，都用前五識去觀，對不對？打起坐來想觀個白骨，硬想用眼睛看到自己的腳趾甲，腳趾白骨，都想要看出來。然後意識那麼想，自己好像看到白骨，把前五識用來觀了，這樣是觀不起來的。所以修行為什麼不得力啊？就是不能如理作意，理都沒有參通，經教也不懂；你們也讀了經教呀！但是都搞思想、搞妄想去了，有什麼用呀？再說一次，你們觀不起來的原因，是因為拿前五識去觀，那是錯誤的。

所以修止的時候，要知道六事差別所緣：「**一義**」，第一是道理要懂；「**二事**」，第二是這件事；「**三相**」，第三個是相；「**四品**」，曉得自己現在到哪一品，就是到哪個程度了；「**五時**」，是時間；「**六理**」，最高的道理。

「**既尋思已，復審伺察**」。

所以這六個地方尋思到了，正思惟清楚了以後，還要「**伺察**」。伺就是定在那個境界，就是等待，如貓抓老鼠，在那裡等著，守在那裡。所以黃龍死心禪師形容用功：「目睛不瞬，四足踞地，諸根順向，首尾一直」。四個腳抓在地上，兩眼盯住老鼠不動，頭端端正正的，尾巴豎起來，全副精神，你踢牠一腳，牠動都不動，這個樣子叫伺察，又伺又察，等待。理懂了「**復審伺察**」，看自己用功的精神，有沒有到這個狀況。所以你們有時候用功得一點清淨，不是你們修到的，也不是尋思來的，也不是伺察來的，那是瞎貓撞到死老鼠。

義、事、相、品、時、理

（一）「**云何名為尋思於義。謂正尋思如是如是語，有如是如是義，如是名為尋思於義**」。

修行修觀的時候，什麼是「**尋思於義**」呢？像我現在要你們解釋，你講不出來對不對？因為你沒有在這經文上「**正尋思**」。經典上為什麼又這樣講又那樣講呢？拿到身心上來印證做工夫，就會發覺「**有如是如是義**」，哦！原來是這個道理。這樣就是「**尋思於義**」，也就是正思惟。不然就算佛學搞得很好，坐在那裡瞪起眼睛看天花板，滿腦子的佛學，啊！這個道理就是那個道理，啊！好耶……都是向外馳求，變成了妄想。所以佛學變成普通的思想了，因為沒有「**尋思於義**」；如果能反觀於內心求證，才是「**尋思於義**」，這是第一點。

（二）「**云何名為尋思於事。謂正尋思內外二事，如是名為尋思於事**」。

譬如我們把佛像、明點觀起來，內證怎麼樣？同外面的事，同法界、物理世界關係怎麼樣？這叫「**尋思於事**」，這是第二點。

（三）「**云何名為尋思於相。謂正尋思諸法二相，一者自相，二者共相，如是名為尋思於相**」。

思惟一切法皆有二相，就是自相、共相。譬如知道現在這個佛的呈現，是我思惟觀出來的，所以阿彌陀佛即我，我即阿彌陀佛，這是唯心所造，是你的心意識所造，所以我心即佛心，與阿彌陀佛，十方三世一切諸佛，同此一心，是法不二。所以說：「自他不隔於毫端」，真得到自體的正定，止觀雙運，阿彌陀佛觀想現前，就與極樂世界的阿彌陀佛，在一念之間的道體、本體相應。換句話說，你所觀的雖然是妙有的假相，也是阿彌陀佛真的力量出來了。像這個理，自相、共相，要參究得很清楚。

關於自相、共相，當自己到達了那個境界時，對於自相、共相，眼睛不用張開就曉得了，是到還是未到，都很清楚了，這個叫正思惟。在正思惟這個時候，並不要去用念頭想，不是用妄想念頭想，正如《中庸》所講的「不勉而中，不思而得」，是不去想就知道了。但這還不是他心通，到了他心通這個境界，知自己，知他人，力量更大，這是正尋思二相。

（四）**「云何名為尋思於品。謂正尋思諸法二品，一者黑品，二者白品」**。

這是指尋思惡業、善業。所以修行人隨時要正尋思，檢查起心動念，哪個是不對的念，哪個是對的念。合於佛法的道理是正念，不合的就是非正念。有人的惡業念一起的時候，格老子，佛都不管了，我不學佛了。這是黑業，黑品重得很，愈來愈黑，一臉的黑氣都起來了。所以有時候你們有人氣色壞的，都是黑品氣色；白品氣色當然是一乾二淨，那又不同了。

「尋思黑品過失過患，尋思白品功德勝利，如是名為尋思於品」。

要把起心動念中的黑品、惡念的過失過患找出來。過失比較輕的時候，會覺得自己沒有錯，自己這個思想沒有錯，其實已經是過失了；過患嚴重一點時，犯了有過失的念頭，還不肯改過，不肯轉化。因為認為自己是大丈夫，為什麼要改啊？本來已經我慢，現又加上貢高，還得了！變成過患了，患法是大病。所以隨時要檢查自己黑品過失過患；隨時要檢查自己心性白品的功德，起心動念，善心越多，就是「**功德勝利**」。心中黑品魔念消失了，白業善根功德成就了，這是「**尋思於品**」。

（五）**「云何名為尋思於時。謂正尋思過去未來現在三時，尋思如是事，曾在過去世。尋思如是事，當在未來世。尋思如是事，今在現在世。如是名為尋思於時」**。

這是觀心法門，我們把起心動念分做三個時間，現在我講的這個話，馬上就過去了；未來我講什麼？說未來，說一聲未來，就變成現在；說現在，立刻也過去了。先把這個念頭在時間上分開，然後推開一切時間不管。所以說，真得正定，能得宿命通；真得定以後，一念尋思自己前生，自然就清清楚楚。然後再前生，再前生，一路推上去，都知道了。不但能知過去，未來也知道。以現在的修持，一念尋思來生變成什麼，都知道了。所以趕快轉心念，趕快求進步，把黑品拿掉，多起白品心念。

如果來生是變牛，因害怕而轉了心念，看尾巴變白了，慢慢整隻牛都變白了，化空了，又得人身了，一切都很清楚。所以修行，就是「**尋思於時**」，過去、未來、現在，都清楚。所以孔子也說：「雖百世可知也」，十方三世都清楚了。

（六）「**云何名為尋思於理。謂正尋思四種道理，一觀待道理，二作用道理，三證成道理，四法爾道理。當知此中由觀待道理，尋思世俗以為世俗，尋思勝義以為勝義，尋思因緣以為因緣**」。

注意！你們做工夫時要注意，這是講做工夫，不是講道理。第一點「**觀待道理**」，當你修觀的時候，「**待**」是相對待，相對的，相對的外境界，使心定不下來，因為「**觀待道理**」沒有參通。「**尋思世俗以為世俗**」，一參究發現，原來我不能寧靜下來，因為被很多世俗的事牽掛住了。如睡眠飲食沒有對啦，或者身體四大受涼生病啦，故不能得定。把一切世俗的東西還歸於世俗，勝義的歸於勝義；勝義是佛法最高的道理，這是因緣所生法。

比如今天一切合適，環境也合適，或者看到一尊佛像很高興，回來兩腿一盤，佛像的影像已經出現了。知道這還不是我的功力，是恰好碰到這個好環境，好際遇，都是因緣，是因緣所生法，這些是第一點「**觀待道理**」。簡單的說，你在修定、修觀的時候，在觀之中，相對的這些理論，都清清楚楚告訴你了。

「**由作用道理尋思諸法所有作用，謂如是如是法，有如是如是作用**」。

第二點是作用的道理，這都要參啊！要觀啊！有人聽到了白骨觀，就問我：老師，為什麼要修白骨觀呢？我說那你修紅骨觀好了，誰叫你修白骨觀啊？我又不是賣排骨的，修這個白骨觀的道理，為什麼自己不去研究？還要問。

什麼是「**作用道理**」？一切法門都有相對，就是對治的作用，為什麼要如此修？如此做？都要去參。你們這些年輕人，自己對自己反感，天天都在反感，對自己都克制不了，對不對？為什麼會這樣呢？因為你不參究「**作用道理**」。八萬四千法門，為什麼叫你如此修？有什麼作用？所以要懂這個道理才行，不懂這個作用道理，一切修行都叫作盲修瞎練。

「**由證成道理尋思三量，一至教量，二比度量，三現證量。謂正尋思如是如是義，為有至教不，為現證可得不，為應比度不**」。

第三點是「**證成道理**」，修一個法門，一方面自己在求證這個法門，當然不想走到外道，不想走冤枉路。我們不管出家在家，都是佛的弟子，七眾弟子都要曉得「**證成道理**」，就是修法怎麼樣能證得佛果。所以第一個要尋思三量，現量、比量、聖教量。

我們現在研究《瑜伽師地論》，這是聖教量，聖人所教的，因為他修成功了，才教我們如此如此。所以我們一切的修法，自己要研究是不是合於真正的聖教量。第二是比量，也叫比度量，我們現在推測這個道理，這個修法應該是對的，因為是聖教量，是一切經典上所說修定的經驗的道理。啊！我懂了，不過這個懂，還是比量境界，然後要證到現量，就是自己要證到這個現量境界。這是三量。

平常不用聖教量這個名辭，凡夫的三量是非量、比量、現量。非量是亂想、幻想的。我們一切修行人尋思，這樣做這件事情，這樣參這個道理，這樣修這個法，「**為有至教不**」，是不是合於經典？佛的了義教或不了義教，是不是研究徹底了？「**為現證可得不**」，現在我求證可以成功否？「**為應比度不**」，我現在想的是正思惟抑是妄想？如果是比量境界，那就用不著去修它。這個叫「**證成道理**」，也是自證分，必須要知道的。

「**由法爾道理，於如實諸法，成立法性，難思法性，安住法性，應生信解，不應思議，不應分別，如是名為尋思於理**」。

第四是「**法爾道理**」，這是佛學首創的名辭，因為如果用「自然」，怕與印度自然外道混淆。什麼叫法爾？實際上法爾就是自然，現成的，本來如此。不過也更高了，也更難。其實也是每個學佛的人第一步要知道的。佛經上所講的一切法門，為什麼他要那麼講？諸佛菩薩都那麼說，他建立思想的系統，言論的系統，說法的系統，就是「**於如實諸法，成立法性**」。換句話說，法爾如是，就是《華嚴經》上所說的「信」，你沒有辦法證到的，只要信就是了。

一切眾生本來是佛，為什麼我們現在沒有成佛？「**難思法性**」，佛說因妄想執著而不能證得。雖然曉得是妄念，明知道除不了，我們為什麼還要除妄念呢？再說妄念該不該除去？妄念又是一個什麼東西？就要認識觀察了。所以最後一切自性，本來如此，法爾如是。「**安住法性**」，最後證得菩提，還我本來面目，安住在法性上。所以對這三種，「**成立**」、「**難思**」、「**安住**」，要具備「信」，「**應生信解**」，自己無法了解，在未證得以前，只要有正信就進來了。

其實佛法很簡單，是自己對自己生疑，因不信而擋住的，一信就進來了，不應該思議，不應該分別，就叫作尋思於法爾道理。

「**如是六事差別所緣毗鉢舍那，及前三門毗鉢舍那，略攝一切毗鉢**

舍那」。這些包括了一切法的觀法。下面是最後結論：

善知識說法　聽者語義覺

「問：何因緣故建立如是六事差別毗鉢舍那。答：依三覺故，如是建立」。

佛在教覺悟法門，這六事是依三種覺悟的情形，而成立了這個理論的系統。

「何等三覺。一語義覺，二事邊際覺，三如實覺。尋思義故，起語義覺」。

思想必須由語言文字來表達，一切眾生沒有成佛前，要指導他成佛，必須要講給他聽，一講就有了言語文字，有文字就要合邏輯。一切眾生因聽了佛所說的法而開悟，或者聽善知識開示佛法而開悟，這個開悟就是「**語義覺**」。

「**尋思其事及自相故，起事邊際覺。尋思共相品時理故，起如實覺**」。

你自己研究這個事，以及自相，就會因事與自相而起事邊際的覺悟。最後證得「**如實覺**」，本來就有，一切本來現成的。

「**修瑜伽師，唯有爾所所知境界，所謂語義及所知事，盡所有性，如所有性**」。

真修行的人，瑜伽師等，只有憑你平常學佛的經驗，所知的境界，以及你所懂的佛法道理，乃至你事實上所知道的理，而「**盡所有性，如所有性**」。這兩句話是儒家的，在《中庸》上的話，「盡人之性，盡物之性」。盡性這個說法，後來有孟子所講的〈盡心篇〉，可是孔孟二老提出這個名稱時，佛法還沒有來中國。所以盡性以後人性悟到了，物性也悟到了，宇宙萬物都悟到了，「**如所有性**」，最後住在如來境界，法爾如是。所以古代禪師告訴你，「烏鴉身上是黑的，白馬身上是白的」，這是什麼道理？就是「**如所有性**」，法爾如是，白的就是白的，黑的就是黑的，下課就下課，不要獃坐在那裡了。

由不淨觀開始，然後到白骨觀，以聲聞乘的修法，非走這個路子不可。不淨觀，什麼鼻涕眼淚啊，裡頭發爛發脹，我看不要唸了。看卷三十，第七百七十四頁。

你們修不淨觀、白骨觀，第一你們修不起來對不對？要修不淨觀應該依照上面這一套。真正修到不淨觀，不簡單的，要真修到心得止得觀以後，一定，就內視到自己的內臟了。自己開眼閉眼，看得清清楚楚，氣走到哪裡，血走到哪裡，都很清楚；乃至身上有細菌，或者哪裡壞了，都看得很清楚，那才真做到了不淨觀。

做到不淨觀還不是究竟，只是第一步要到達這樣，進一步要達到空觀。大家修不淨觀，尤其是女同學們，你們想到不淨觀都會吐，裡頭太髒了。其實也可以很快的過去，只要一個信念，上座一下就可以透過去了；就可以知道，自己這個身根又髒又臭，這一念就屬於不淨觀，就可以到達了。

修白骨觀也並不一定非觀起來白骨不可，上座就念死也是一個方法。佛法有十念法，佛、法、僧、戒、天、施、安那般那、休息、身、死。譬如念僧，念一切聖賢、得道的人，並不是要你一個一個的想起來，因為念不是觀，而是相信過去得道的人，隨時以得道的人為榜樣，念念照他的標準修，一個真正的和尚，就是像佛一樣的努力修。

再說念天，天主教也是念天，但是不是大梵天則是個大問題，需要研究它的神學教理；聖母是哪一天的天人，也是個問題。念天還不是念這個天，由於一切修行，老實講不管大乘小乘，修了幾輩子，充其量是證得生天果位而已。所以佛給你們想一個方便法門，不要一層樓一層樓爬，這樣爬很難跳出三界。佛教我們一個橫超速出的方法，就是到西方去，免得人們在三界爬了幾層樓時，中間電梯卡住了的話，不上不下很困難。

所以一切修行也是念天，你不要認為自己是學佛的，不求生天；生天有沒有你的份，還是一個問題。欲界天就要修好十善業道才能生得，所以十善業道，得一善就可以生天，當然生在哪一層天有差別。為什麼修得善業可以生天呢？善業修到了，它是世間法的定，所以世間的真正好人，都是很老實的，很鎮靜的。越壞的人活動得越厲害，腦筋也越靈光，反而沒有定。所以四禪八定，三界禪天裡頭都是定靜。

實際上真正佛法的修法，應該把第十念的念死，擺在最前面，為什麼佛把念死擺在最後面？是叫學佛的人知道人最後都會死。如果先修學死，上座就覺得自己已經死了，一堆白骨也化掉了，能如此，你白骨觀不修也可以呀！你做到了嗎？自身修不了，化不了；化得了就可以不要修了。現在講不淨觀，我們拿白骨觀來講。

再說白骨觀　不淨觀

「**復有二種取骨鎖相，一取假名綵畫木石泥等所作骨鎖相**」。

這是說你白骨觀怎麼觀呢？有兩個方法。你們白骨觀不起來，就在那裡拚命啃自己的腳趾頭，想把肉皮啃光，然後想讓自己的白骨呈現出來，你們是不是都這樣做工夫啊？所以你們觀不起來，對不對？白骨都看不到影子對吧？（同學答：對），你們走錯了路子，用錯了方法。你怎麼會看得到自己的骨頭呢？除非內視內觀成就，那是要得定；你一念一定，要看到自己的內臟，自己的骨頭，就可以看到，如果做到這樣，修行已經差不多算上路了。

現在的你當然做不到，所以有兩個方法，第一個就是「**取假名綵畫木石泥等**」，用畫的白骨也可以，木頭做的，石頭做的，都可以。所以買了許多白骨模型給你們，上座修觀的時候，就看白骨模型，有那個影像存在就行了。模型影像觀好以後，你知道是假的，這也是無分別影像所緣呀！你就定在那個模型影像，你的身上就會起作用了。可是你們不懂也不會，只拚命要看到自己身上的骨頭，做不到的事硬去做，所以拚命說觀不起來，這樣子當然觀不起來。

理不通，不能如理作意，又不肯看經教。現在這裡告訴你，第一步先把這模型的相觀起來，定住，像觀一個明點同樣的道理。你們白骨的模型都看到過，觀得起來嗎？（同學答：觀不起來），觀不起來的原因是什麼？因為你們還是拿眼睛去觀，所以觀不起來。我現在講白骨的模型你們看到過吧？你看過白骨模型的樣子，意境上有沒有印象、影像？（同學答：意境上有），意境上有，那就對了嘛！這不就是觀起來了嗎？誰叫你拿眼睛去看？你也能看書，也能聽話，那意境上的白骨影像也有了，對不對？懂了吧？我的話你聽不懂，我依彌勒菩薩的話而說，你們就聽懂了，那你們下了課好好去拜彌勒菩薩。

「**二取真實骨鎖相，若思惟假名骨鎖相時，爾時唯名起鎖勝解，不名骨鎖，若思惟真實骨鎖相時，爾時名起骨鎖勝解**」。

第二個辦法，是取真的骨頭來看，只有到醫院解剖室去看了。觀想白骨模型，觀起來時，這叫「**起鎖勝解**」，在理論上不叫作骨鎖，因為不是真的白骨。起鎖勝解有了，也對了，只不過是名稱不同。若真看到死人的白骨，你看了，把那死人的白骨觀起來，不需要把你自己變成白骨觀起來，這個叫作「**起骨鎖勝解**」。這是白骨觀初步觀起來了。

你們現在一邊聽經，一邊有沒有那個白骨模型影像？（同學答：有），你看多輕鬆啊！又不要著力。可是你們打起坐來，好像在殯儀館工作一樣，拚命在那裡撿白骨。白骨在哪裡呀？就在你意識裡，那個影像就來了，對不對？觀起來了沒有？（同學答：觀起來了），你看！多輕鬆呀！你也可以說話，也可以做事，你慢慢把這個影像定住了；但要注意，不要用力，一用力就完了，白骨影像跑掉了。你越不管它，那白骨影像就越留在意識裡，那就觀起來了。你體會一下，這樣一觀起來，你也在聽話，而意境上就很寧靜了，懂了吧？（同學答：懂了）。好！懂了，再來。

「又即此外造色色相，三種變壞，一自然變壞、二他所變壞、三俱品變壞」。

觀起來以後，你從外觀就可以了解宇宙萬有，人的生命，有三種變壞。譬如我現在老了，頭髮白了，肌肉也鬆了，樣子也變了，這個老相就是死相的前奏，很難看，已經慢慢變壞了。明天到市場買一塊豬肉，擺在這裡，三天後你看看，那個不淨觀就看出來了，變臭了，變青變爛了。我們的肉體也是一樣，這是「**自然變壞**」。有時吃藥變壞了，或者被火燒到了等等，就是「**他所變壞**」。如果連骨頭都壞了，就是「**俱品變壞**」。

「始從青瘀乃至膖脹，是自然變壞」。

老了，皮膚皺了，膚色變黑了，「瘀」就是一塊一塊變青了，變壞了。變成膿水了，屬於「**自然變壞**」。這一段就跳過去了，下面自己看，自己研究。

現在看七百七十六頁。

「而今現在如是次第，種種不淨，諸現在世，我之所有似淨色相，此淨色相於現在世，雖有淨相，於未來世，不當不淨，如今現在外不淨色，無有是處。我此色身，去來今世，曾如是相、當如是相、現如是相，不過如是不淨法性，如是名為尋思彼時」。

我們修白骨觀、不淨觀，觀起來了，雖然是看模型觀起來的，但是道理上要知道，現在自己這個身體，看起來是人，最後終歸就是那個白骨一樣。所以白骨觀影像真的觀起來，還有什麼氣可以生的？最後大家就是那麼一堆白骨，而且白骨還化成了灰塵，哪裡還有什麼人對不起我！你現在生氣，認為他不對，你對，你什麼對呀？不過是白骨對泥巴而已。

所以說不淨觀、白骨觀，觀起來的人，貪瞋癡不是沒有，而是自然清淨了，降伏了。「**我此色身，去來今世**」，我們人活著都有這個色身，四大而成的一個人的形相，最後都要爛的，都是白骨，而且白骨也沒有了，化成灰了。「**不過如是不淨法性**」，這句話可以拿來作觀，一盤腿，一打坐，你就把身體一丟，不管它了。等於你一上座，把這個身體當作已經死了，白骨一副，一念空，就完成了。可惜你們沒有這個魄力，如果有這個魄力，上面這個方法可以不用呀，懂了吧！這個方法名為「**尋思彼時**」。

「**云何名為尋思彼理。謂作是思，若內若外，都無有我有情可得**」。你白骨觀真觀成了，或坐也好，不坐也好，隨時覺得這個身體如同狗屎一坨，萬一一口氣上不來，又正好有幾條狼狗過來，我們還不就變成狼狗的火腿了嗎！所以這個裡頭沒有真我，也沒有情可得。

「**或說為淨，或說不淨，唯有色相，唯有身形，於中假想施設言論，謂之為淨，或為不淨**」。

或是叫它淨，或是不淨。現在我們活著是四大構成的這個色身，這個相，就是身體的形相。什麼叫好看不好看？乾淨不乾淨？善惡是非都是假想的名辭，是人類的思想、妄想構成的一套言論觀念。把觀念拿掉就無所謂淨與不淨，不淨觀觀成了以後，就無所謂淨與不淨，也就是不垢不淨了。反正都是一個假東西。

「又如說言壽煖及與識，若棄捨身時，離執持而臥，無所思如木，既死沒已，漸次變壞，分位可知」。

所以我們活著是三樣東西，煖、壽、識，是唯心唯識所變。心識跟煖與壽，等於電燈一樣，有電就有光，有電就有煖。身體有熱能，就有壽命存在；沒有這個熱能就沒有壽命在，識也跟著從這個色身上散開了。煖離開，壽也沒有了，這一部分識也離開了，所以身體整個冷卻了。煖壽識是連著的，煖壽散掉了，識也就離開了，與這個肉體不相干了。

現在我問你們一個問題，為什麼學佛修行，修定，修四加行先要得煖呢？而且真得了定以後，一定得煖，這是什麼理由呢？你們去參去，正思惟去，現在不跟你講活的人，是講死的人。這一段到下面都是毗鉢舍那，不淨觀、白骨觀之慧觀。你們不要跟我一樣跳過去，你自己要研究，這些道理你們應該懂。我再三吩咐你們，一定要自己去研究，正思惟，要仔細看。第一能夠自利，第二還能利他。將來你們出去教化人，度化人，看懂了，就可以教剛入門的初步方法。我已經講了千百萬遍，懶得再說，所以跳過去了；你們不要跟著我跳過去，你們爬都不會爬，不要說跳了，知道了吧！

如何修慈悲喜捨

修不淨觀、白骨觀的理論和方法，本論中講了，現在告訴我們怎樣修慈悲觀。現在看七百七十七頁第八行。

「云何勤修慈愍觀者。尋思六事差別所緣毗鉢舍那，謂依慈愍增上正法，聽聞受持增上力故，由欲利益安樂意樂，於諸有情作意與樂，發起勝解，是慈愍相。若能如是解了其義，如是名為於諸慈愍尋思其義」。

修慈愍觀，上面所講的三門六事的原則不要丟掉。「**依慈愍增上正法**」，依發起慈悲，是先由不淨觀、白骨觀修起，修到了，慢慢才有慈悲心發起，依照次序，硬是這樣。你們都覺得自己很慈悲，算了吧！都是磁杯、酒杯！你們都是慈悲自己。前面的止觀定相、淨相沒有做到，發不起來慈悲心的，真慈悲不是那麼容易發起來的，所以為什麼慈悲要在這裡來說呢？由於不淨觀、白骨觀真修持到了，然後翻過來才會慈眼視一切眾生。憐憫一切衆生，這時才能做到比較性的無我，如果不淨觀、白骨觀沒有修成，你說自己已經無我，碰你一下下，你那個我就跳起來了。

所以做不到無我的，不要瞎扯了，學佛修行不可以躐等，它是呆板一步一步的。「**聽聞受持增上力故**」，依於慈悲的心理，「**增上正法**」，不只聽正法，正法聽了以後要有增上力，好好的研究，好好聽聞善知識的說法。「**受持**」是領受修持的增上力，想達到發起慈悲心，利益別人，安樂自己。慈悲心真發起了，自己的意識境界上，則非常平安快樂。

譬如有人說自己喜歡哭，愛掉眼淚，大概是慈悲心重；那是你淚腺有毛病，愛哭而已，悲心不是這個道理。真正的慈悲，是要「**利益安樂意樂**」，使一切眾生得安樂。例如我們達到了定境，自己在清涼清淨中，無煩惱中，看到煩惱眾生，心中就生出無比的悲憫，看到作惡眾生也會有無比的悲心。希望他能達到安樂的境界，不要被煩惱、貪瞋等火毀滅了，這樣才是「**慈愍相**」，是慈悲現象出來了。這纔是修慈愍觀的真意。

「彼既如是解了義已，復能思擇，此為親品，此為怨品，此中庸品，是一切品，皆他相續之所攝故，於中發起外事勝解」。

他說慈悲真發起了，才曉得什麼是「**親品**」，也就是慈悲親愛一切眾生。譬如我們在座的男女老幼，在家出家的同學，憑良心講，你對每個同學都有好感嗎？不要講慈悲，都有好感嗎？你們坐在那裡，不要搖頭，也不要點頭，我心裡都有數。

你們有沒有對某一個比較喜歡一點的？其他大部份不太喜歡，每一個人都有吧？都有對不對？你比較喜歡一點的那個，對他比較好一點的，那個是你的「**親品**」。如果慈悲心發起來，走正法的修行人，應該怨親平等，雖是怨家，「**怨品**」也視如「**親品**」，都是親愛的。甚至於嬉笑怒罵，心中對他們都是悲心的，憐憫的，這就是「**中庸品**」，還不是菩薩的慈悲，是聲聞乘的慈悲。換句話說，所謂慈悲發起來以後，使自己得安樂，使一切眾生得安樂，慈悲發起了以後，慈悲喜捨四種心理都要發起。這一段你們自己去看，去研究。

現在講三十一卷，「**本地分中聲聞地，第三瑜伽處之二**」，七百八十一頁。

什麼是緣起　什麼是性空

「**云何勤修緣起觀者**」。

你們要把次序記好，他教我們修法，最好能夠按次序一步一步做到，不淨觀、白骨觀、慈悲喜捨觀、緣起觀……這不是理論，是工夫。一步一步做到了，然後再修法，修法就是「**緣起觀**」，也就是觀緣起。

「尋思六事差別所緣毗鉢舍那，謂依緣性緣起增上正法，聽聞受持增上力故，能正了知如是如是諸法生故，彼彼法生。如是如是諸法滅故，彼彼法滅」。

這個話始終是叫你注意六事所緣。這一段非常重要，大家要注意，後世一般研究唯識法相的學者，對於緣起性空、無自性，這些學者就認為「無自性」三個字是外道知見，因為禪宗講有自性，於是大家理論爭辯都來了。唉！可憐啊！書都沒有讀懂。

所謂緣起性空，是講諸法現象；唯識法相宗講一切萬有，是說有現象可見的，有形相可知可了的，可意識到的，皆是緣起所生；但它的自性本空，無自性。也就是說，無自性是本身沒有單獨可以存在的性質，不是永恆存在的東西。因為一切現象界，一切法相，皆無自性，所以法相能轉變，轉八識可以成四智。這個性空，無自性的性空，是指法相的性空。性空的後面那個阿賴耶識，轉成大圓鏡智，那個東西空不空呢？既不空，也不有，在理論上叫它中道；其實也不說中，說個中已經落邊了。那個東西不垢不淨，不增不滅，這個道理先告訴你。

現在看它觀緣起是怎麼一個觀法，「**能正了知如是如是諸法生故，彼彼法生。如是如是諸法滅故，彼彼法滅**」。這幾句話等於《大乘起信論》中所說，「心生則種種法生，心滅則種種法滅」。宇宙萬有一切法相皆是因緣所生，因緣湊合，這是法界的現象，有形的現象，就形成了萬有，唯心識所造。煖壽識三者，煖壽一散，心識一歸位之後，這個人的肉體就不存在了，這個現象不存在，就是法滅。

「**此中都無自在、作者、生者、死者能造諸法，亦無自性、士夫中間能轉變者，轉變諸法。若能了知如是等義，是名尋思諸緣起義**」。

一切宇宙萬有的現象、萬法，都「**無自在**」，你自己做不了主，無「**作者**」，沒有另外一個主宰能夠造得出來，假定有一個主宰能造萬物，請問：這個主宰是萬物造它，還是主宰的外婆造它？所以無主宰，非自然，沒有主宰，無作者。也無一個「**生者**」，譬如人生人，它非要三緣和合不可，否則生不出來，除了男女精蟲卵臟的結合外，中間還要中陰身加上去。

總而言之，一切宇宙萬有，包括我們的生命，誰都作不了我們自己的主，這個肉身作不了主，我們的思想念頭也作不了主。意識幻化法，也是因緣法，所以一切萬法，它本身沒有獨立自在的性質性能。

「**士夫**」，即知識份子，有智慧的人。他們自心可以作主，自心可以轉變諸法，因為一切是因緣所生，所以轉識可以成智，轉煩惱可以成菩提。

可是後世有些學者講緣起性空，實在離題太遠，不曉得他讀書怎麼讀的。因為它是緣起性空，所以自心可以作主，可以轉得了的；也因為諸法本身無自在，無生，無化者，而是有一個東西；這個東西不能叫它主宰，叫它真如也好，性也好，道也好，如來也好，般若也好，中道也好，歪道也好，什麼都無所謂，因為一切唯心造呀！所以《華嚴經》上說：「若人欲了知，三世一切佛，應觀法界性，一切唯心造」，一切都是唯心識所轉變。

假使一個學佛的人，徹底了解這個道理，那麼就有資格說，對於「**尋思諸緣起義**」，已充分瞭解，已明白緣起性空的道理，修這個法門就可以證悟；就不一定修不淨觀、白骨觀或修明點了。你打坐一上來就「**尋思諸緣起義**」，把理參透了，一樣成佛。這樣修法，就是修有分別影像所緣，一切都包括在裡頭了。

「**復審思擇十二有支，若內若外，而起勝解，是名尋思諸緣起事。復審思擇，無明支等，前際無知，後際無知，如是廣說如前分別緣起支中，是名尋思緣起自相**」。

現在講十二因緣，大家覺得很熟吧！但不要輕易放過。十二因緣是基本佛學，無明緣行，行緣識，識緣名色，名色緣六入，六入緣觸，觸緣受，受緣愛，愛緣取，取緣有，有緣生，生緣老死。如果十二因緣不能隨口次序的唸出來，不但對不起父母，對不起師長，更對不起自己。浪費時間跑到這裡來幹什麼？十二因緣你真參透了，成佛有餘，可惜現在學佛的人，都只當作佛學的學理思想在講。

十二因緣都是緣起性空的。十二因緣第一個是無明，無明怎麼來的？你參參看，這就要你正思惟了。我們任何一念來，下面連續的思想，沒有把握去想什麼，明天一早醒了，第一個念頭想什麼？我們自己有沒有把握？（同學答：沒有。）所以每一個念頭來，都是莫名其妙來的，是不是？（同學答：是。）莫名其妙就是無明，你作不了主；這個無明之念也是無自在，無作者，無生者，無死者，但能造無明諸法。

再看無明緣起怎麼來呢？「**尋思諸緣起事**」，要你仔細思擇，觀察自己，也就是觀心法門，觀無明支，無明這一念；任何一念都是無明，因為不知道怎麼來的。「**前際無知**」，這一念沒有動以前，這一念在哪裡呢？不知道。你不知道就是無明呀。「**後際無知**」這一念起了，過了以後，到哪裡去了呢？你也不知道。當你這一念就在這裡時，你知不知道？也不知道，被無明支配了，當然不知道。所以三際你都不知道，此之所以為無明，因為現在就是在無明中。

你先把現在無明這一念搞清楚，我們念頭一來，本身就是無明。一個念頭來，「我要喝茶」，趕快就動手泡茶了，這是無明緣行。然後說：「這是烏龍」，行緣識。「是凍頂烏龍，好」，識緣名色。「好喝，舒服」，名色緣六入，六入緣觸，六根都觸動了，這一念都牽動十二因緣。你先把現前這一念的十二因緣的道理，參透了再說。佛法不是背名相，背得來，能跟別人說說，這種佛法有什麼用呀？

小說《濟公傳》，就寫得很好，濟顛和尚半夜起來大叫：「無明發了，無明發了」，全寺的和尚都起來要打他。其實他大叫就是告訴大家，廟子要起大火了。「一念無明起，八萬障門開」，所以念起念落能念念清楚，你就在道中行了，就是覺性了。十二因緣是這個道理，厲害吧！你們都曉得十二因緣，都會背，會背有什麼用？不過是唯識流注，所以要仔細尋思無明這一念，這是第一步。

「復審思擇，如是一切緣生諸行，無不皆是本無今有，有已散滅，是故前後皆是無常，皆有生老病死法故，其性是苦，不自在故，中間士夫不可得故，性空無我，是名尋思緣起共相」。

先把現前這一念無明觀察清楚，才曉得一切皆是因緣所生。一念動，一緣生，「**無不皆是本無今有**」，一念無明，本來沒有，見聞覺知到六塵，而今有，現在有了無明。譬如說，我忽然罵了大家幾句，同學們莫名其妙，瞪著眼睛看我，本來沒有的事，現在有了這一頭霧水，這就是緣起。因為我這一罵，你們就靜下來，莫名其妙的瞪著眼睛看著我，這一念無明就緣起了。「**本無**」，本來沒有這個境界，外緣一引就起來，依他而起，這就是「**緣生**」，也就是「**本無今有**」。

現在我告訴大家，我是逗你們的，不是罵你們。於是你們那一念莫名其妙，幾乎要發無明火的瞋念沒有了。這一念，「**有已散滅**」，緣起還滅，所以在一念之間觀察，一切皆是無常，這一念生、住、異、滅，也就是生老病死，不了此念，所以是苦。人們都被這一念騙了，依他起，被這一念騙了一輩子，騙了三大阿僧祇劫，所以此中是苦，是不自在，所以要觀自在。

在這一念之間的中間，我們發現沒有一個我，我是不可得，這一念是緣起，是虛泡，連影子都沒有，「**性空無我**」，它本身是空無我；這個空不是沒有，不是斷滅的空。在這個地方念念觀察清楚，就是修行，叫作「**尋思緣起共相**」。

不但我如此，你也如此，一切眾生都如此，譬如一條狗睡在那裡好好的，睡得很舒服，那是昏沉無明中，你過來踢牠一腳，牠就生氣叫起來。然後你再來說對不起，摸摸牠的頭，給牠一片牛肉，牠平靜了，搖個尾巴走了。這也是緣起性空，「**有已散滅**」，也是依他而起，無我相，這是「**緣起共相**」。一切眾生現前這一念都是緣起性空，有已散滅。

在一念上要參十二有支，所以經典上說聲聞眾應參十二因緣，證大阿羅漢果，就是這樣參，這樣證，懂了吧！有人說，平常學的佛學，都聽懂了，也沒有什麼用；你說沒有用，是你沒有用佛學，不是佛學沒有用呀！知道了吧！

第十四講

上次講到三十一卷之十二因緣，我們平常關於四諦、十二因緣，這些佛學的名辭，大家應該很熟，但是都把它當做佛學的知識聽。如果能夠把四諦、十二因緣，變成正思惟的禪思，以禪定的正思惟去求證，那是可以悟道證果的。可是一般都沒有留意，現在是正面告訴我們，這是正思惟，禪思的方法。

「復審思擇，我若於彼無常、苦、空、無我，諸行如實道理，發生迷惑，便為顛倒黑品所攝，廣說如前」。

無常、苦、空、無我，都是佛學基本觀念，我們現在都是當普通佛學的知識看待，而且一聽過去就算了。實際上，無常、苦、空、無我，是佛陀當時的說法，是正思惟、正知見的禪定修法。所以達摩祖師講，道可由兩個法門悟入，一是理入，一是行入。拿工夫來求證，是行入；理入是正思惟，拿正思惟來求禪定，也是一樣可以證得菩提。當然不能亂想，須如理的想。所以他對無常、苦、空、無我的如實道理，到達了理的最高實際的境界。

如果沒有親證到無常、苦、空、無我、十二因緣，所謂三十七菩提道品之理的如實境界，就算能倒背如流，也只是知識層面。並且會發生迷惑，便為顛倒。這並不是說，你會唸經、會背佛學，就能與閻王對抗生死，反而是被法執的黑品所攝，就是造了惡業。

哪一種惡業呢？《瑜伽師地論》後面大乘道也有說到，佛經也說過，佛學越搞得多，學問越高，他生來世變哲學家、思想家、學問家。這些學問家極難成道，就像地獄眾生一樣，很難轉，因為他的執著太堅固。由於特別堅執自己的思想意見，我見、見取見極堅固，所以落在外道，為黑品所攝。這種地方是很嚴重的，我們看書很容易隨便就看過去了，所以學問越好成道越難；又有學問，又能夠證道，那是菩薩、佛。真能夠證道的話，縱使是歪知見，魔知見，邪道知見，都會有用。換句話說，他弘法度人的方便就越大。「**廣說如前**」，前面也講過了。

「若不迷惑，便無顛倒，白品所攝，廣說如前，是名尋思諸緣起品」。

相反的，佛經佛學的理，記得了，了解了，還要證到，那屬於善業。這些無常、苦、空、無我、十二因緣等法，都告訴我們，一切法皆是因緣所生，所以「緣起性空」。前期經典翻譯為「緣起無生」。

異熟果與果報相同嗎

「復審思擇，於過去世，所得自體，無正常性，如是已住。於現在世，所得自體，無正常性，如是今住。於未來世，所得自體，無正常性，如是當住。是名尋思諸緣起時」。

這一節所講的，就是佛學平常的道理，你不要認為是平常的道理就輕忽過去。這些佛學基本你都聽過了，但是你不能用這基本的道理去證到實際理地，所以你越懂越糟，沒有用的，那只是增加你的所知障。這一段話，都是佛學最基本的話，也是最後成功的話，所以我在《禪海蠡測》也告訴大家，最初的就是最後的，最基本的就是最高深的。千萬記住，不但是學佛修持的道理如此，世間事也是這樣。一個窮光蛋出來闖天下，借了一百塊錢做資本，小小心心，最後發了財，發財後就忘記僅有那一百元時的小心翼翼了。如果永遠是那一百元時候的小心謹慎、堅苦起來的那個樣子，他就成功了。

同樣的道理，現在他告訴我們，叫我們正式審思的思惟修。譬如禪定，盤起腿來坐在那裡，仔細的思惟，研究自己，反照自己。「**思擇**」，一點一點的挑選、分析、解剖自己，「**於過去世，所得自體，無正常性**」，看自己前生是個什麼。假使前生是一個人，那個骨頭、身體到哪裡去了呢？此中無我，「**如是已住**」，這樣觀想清楚了，徹底清楚了，曉得無我，一念定住。至於過去世，一般人還不知道。

我們現在有個身體，在座的人至少二十多歲了，自己回想一下，與七八歲時的自己比一比，老了好多好多，老朽不堪了，天天在變化，在死亡中，此中沒有一個真正的我存在。因為無我之存在，所以現在我講話、聽話，我有感情、思想，這些皆是因緣所生，有這個四大湊合，假名為人。這個身體，因為我們妄想，情感思想依他而起，而假名叫作心，此中無我。「**如是**」，這個樣子，「**今住**」，看起來我現在好像存在，「**住**」，好像在這裡。這個存在非常可憐，今天的我不是昨天的我，明天的我不是今天的我，隨時看清楚今住。

同樣的推理，未來世所得的自體也無正常性，未來的也不過是這樣。假如未來世還變人，照樣跟著吃牛肉；或者變了狗，吃大便，在變狗的時候，那個狗也覺得自己非常可愛，也非常自我。佛經是那麼說，所以後世禪宗就來個參「我是誰」，我究竟是誰？未生之前誰是我？既生之後我是誰？父母沒有生這個身體之前誰是我？現在雖然我在這裡，我究竟是誰？這個肉體隨時在衰老，新陳代謝變去了，我的思想心念，我思故我存，但是不思時，我到哪裡去了？我不思的時候我也存在呀！存在於那個不思上。思與不思兩頭拿掉，未生之前我在哪裡？既生之後我是誰？這是中國禪宗的直指說法，簡單的兩句文學性的說法。印度文化的說法是邏輯科學的，分析性的，一點一點解剖，過去、現在、未來，這叫作「**尋思諸緣起時**」。

「**復審思擇，唯有諸業及異熟果，其中主宰都不可得，所謂作者及與受者，唯有於法假想建立**」。

再仔細的看清楚自己，我們現在所謂的我，是業力的我，造三種業，善業、惡業、無記業。這就是說，我們生命的思想言行所作所為，不是善，就是惡，或不善不惡。不善不惡是像一個呆頭鵝，昏頭昏腦，隨時失念、失憶，在無記業中。今天存在的這個我，不過是一切業力所在，這個業是什麼呢？是造了「**異熟果**」，就是業力的果報。

為什麼稱為異熟呢？我們普通叫作果報，是說這一生所遭遇的，是前生的因所帶來的，是種子生現行。未來生會變什麼？要看今生的現行，現在的行為，成為未來的種子種性的果報。我們普通講果報，是中國文化的表達方式；根據佛學來講，叫作異熟果。果報兩個字，不能完全概括異熟的含義。我們普通講的果報很簡單，你打我一個耳光，我吐你一口口水；你打我會痛，我吐你口水，只不過髒了而已，所以這個果報的意義還不足以包括全部。

所謂「**異熟果**」，是說這個善、惡、無記的果報，事有前因必有後果，這個後果是緣生的，性空的，是異時而熟，異地而熟的，所以時空不是一定的。你踢我一腳，我不一定踢你一腳，或者你轉身被車子撞了一下，所受的報都不一樣的，所以叫異熟。可是都是果報，所以很難懂。

果報一般人看不清楚，因為是因時、因地、因人而有異，所以叫作異熟果。時間成熟了，「因緣會遇時，果報還自受」，千生萬劫，這個前因種子，後來一定得果。在什麼時間碰上？遭遇什麼？不一定。但是有這個業，一定要受果報，受的現象不一定，時間不一定，因為是異熟的果。

說到果報，牽涉到人的生辰八字，那是前生造的業，今生的八字就是推論果報的方法；一切是因緣所生，一切唯心造，無主宰，非自然。一般唯物學者認為，人生一切是自然的，沒有神，所以他不相信果報，認為人死了就完了，有權力就可以控制別人。另外一般宗教認為，有一個主宰，有一個命運之神管著你；其實沒有這個事，誰都管不了，像我們自己都管不了自己，都是因緣所生，異熟業報，所以無主宰，非自然，都在果報當中。

誰都主宰不了，「**所謂作者**」，誰來造作起來呢？我的命運為什麼會遭遇如此呢？同一父母所生，幾個兄弟姊妹，遭遇結果各有不同，難道父母造的那麼偏心？父母也作不了主，上帝也作不了你的主。「**及與受者**」，譬如我們在座很多人身體不好，百年三萬六千日，不在愁中即病中，有的太胖，有的太瘦，有的太笨，有的太聰明，這些都是異熟果。但是這些真正有個受者嗎？畢竟無我，最後畢竟空，故無作者，無受者，在這個地方思惟自己，觀察自己，性空緣起，看通了，一樣的證果。「**唯有於法假想建立**」，這個「**法**」就包括了文字、言語、思想的形態，這一切畢竟空，緣起性空，無主宰，非自然。

人類一切的文化思想，包括了佛法，都是人類的妄想假想建立。佛法講無常、苦、空、無我、十二因緣，也是「**假想建立**」，是諸佛菩薩的方便建立而已。嚴格說，方便也是人假想建立，為了度人，造了一條船，過河必須要一隻船，過了河，一定不會把船揹在身上，因為過了河，船對於你失去了利用價值，所以也是「**假想建立**」。

十二因緣與三世因果

「謂於無明緣行，乃至生緣老死中，發起假想施設言論，說為作者及與受者，有如是名，如是種，如是性，如是飲食，如是領受，若苦若樂，如是長壽，如是久住，如是極於壽量邊際」。

無明緣行……的十二因緣，是三世因果。人怎麼來投胎？是一念無明來的，無主宰，非自然，唯心識所造。一念無明動，等於電的開關一樣，一個指頭撥動了，可以發出一個核子彈，可以使半個甚至整個地球的人類死掉。無明這一念，莫名其妙這一念一動，它的動力就緣行，行動起來就不會停止，難以收拾。行緣識……一路下來，十二因緣用圓圈來寫，就是一個輪迴。

中國的十二時辰，子、丑、寅、卯、辰、巳、午、未、申、酉、戌、亥。半夜子時，一陽初動，然後一路下來，像十二因緣一樣。所以十二因緣是個輪迴，圓圈、晝夜，也像一年的十二個月，春夏秋冬，生命的旋轉輪迴變化。《易經》上所說的「循環往復」，就是輪迴。所以《易經》也講因果，「無平不陂，無往不復」，一個東西，打出去一定會回來，無往不復，就是果報。這個地球也是這樣，向上丟一個東西，它會落地，那是地球有地心吸力阻礙了，停在地上。假如在太空，沒有地球的地心引力，這個煙灰缸丟出去，一點力量也沒有，它轉一個圓圈，又回到丟出去的這個地方。太空人到太空就有這個經驗，這是證明物理的道理，太空沒有地心吸力了，一切東西都是轉圓圈的。所以《易經》的道理，老祖宗們的智慧之高呀！早就懂了。「無平不陂」，沒有一個平路，就不會有斜陡的路；「無往不復」，有出去就有回來。一切都是循環往復的，也就是輪迴，十二因緣也是這樣，他要我們懂十二因緣的道理。

你們禪修的時候，要自己仔細去參透，如果思想定不下來，不參禪、不念佛，也是可以呀！你把佛學的理真搞通了，你也會開悟的，一樣也可以成就的。這是屬於修十念法裡的「念法」，三皈依的皈依法，這些都是法。你們佛學搞了半天，很會講，但是妄念又斷不了，又不參皈依法，那有什麼用呢？所以你看通了十二因緣的道理，十二因緣中「**發起假想施設言論**」，這一段道理告訴你，建立了這一個次序，這一套理論的後面，你要把它參通、參透。「**說為作者及與受者**」是要受三世的果報。「**有如是名**」，「**名**」就是文字言語的名稱，「**如是種**」，過去的種子，變成現在的現行。

所以我經常講，一般人研究佛學，不管他學問多好，或者名望多高，或者是年紀多大，一個人真正能夠相信三世因果、六道輪迴，不是盲目的迷信，而是真參通了，才叫作信佛的人，信佛法的人。我這個話講了幾十年，很沉痛，包括過去的老法師、法師、活佛、大喇嘛，有的被我一追問，他們說：唉！給你講個真話吧！這個理上我還信，但是自己還沒有看過前生呀！所以像這樣學佛都是有問題的。

佛法的基礎建立在三世因果、六道輪迴上，「欲知前生事，今生受者是」，今生自己一切的遭遇、行為、脾氣、動作、長相，都是前世自己所造的業。所以看相、算命，為什麼會準？因為是算你前生的異熟果。有個祕密，現代淨土宗的祖師印光大師，他絕對不講迷信，但他算命是第一人，他算得最好，他可以算到人的前生去。大家那個時候不注意，後來才曉得印光法師講過，算命要算得準，有一本書《地支論》，一定要看，這一本書我找了幾十年也沒找到。十二地支之論，不是佛經，所以印光法師不大肯給人算命，你前生是什麼？他一算就知道了。這個事情不好玩，如果看他前生是隻麻雀、蚯蚓，那有什麼好玩？不好玩。

你不要說不在乎，輪迴給你轉一下，快得很，轉你到在乎的地方。雖然無作者、無受者，那要你證到了那個性空，才談這個話；沒有證到，受起來還是難受得很。業果是本空，但是當你受的時候，真是受不了，對不對？緣起的時候，硬是有作者、有受者，所以「**有如是名，如是種，如是性**」。

譬如我們這一群人，有些人喜歡吃青菜，有些人喜歡魚，有些人喜歡吃辣椒，有些人喜歡吃大蒜，這都是業。為什麼有人胃不接受？這都是業果報應，異熟因果的細帳。所以「**如是飲食，如是領受，若苦若樂**」，這些才決定「**如是長壽**」，壽命的長短；「**如是久住**」，才決定能活多久等等。這每一點都是異熟因果，雖然說無作者、無受者，可是因果歷然。「縱使經百劫，所作業不亡，因緣會遇時，果報還自受」。

「又於此中有二種果及二種因。二種果者，一自體果，二受用境界果。二種因者，一牽引因，二生起因。自體果者，謂於今世諸異熟生六處等法」。

我們現在所得的生命，是前生果報來的，果有兩種，「**自體果**」及「**受用境界果**」。今世的生命，是前世異熟果報所得的生命，「**六處**」是指六根，大家六根都不同。大家同樣都有眼睛，但有些天生色盲，我們一百個人，一百雙眼睛，站在這裡看同一個東西，拿科學儀器來測驗，各人的感受不同，心裡感受的作用也不同。為什麼？因為各人的自體果感受不同。所以有人吃東西，唉！這太鹹了；有人吃就感覺淡一點，因為舌的自體果不同。有人思想偏激，有人寬大，有人高明，有人笨，這些六根六處等法之不同，是「**自體果**」不同之故。

「受用境界果者，謂愛非愛業，增上所起六觸所生諸受」。

我們生在這個世界上，自己本身的六根，各人不同。同樣是女孩子，有的高頭大馬，有的長得又小又矮，有的那麼漂亮，有的那麼醜，各人不同。

有的人雖然長得醜，但有許多人喜歡他。《莊子》裡講到，有一個人醜得不得了，可是好多女人都願意嫁給他，乃至已為人婦的，都願意離婚來嫁給他。奇怪吧！什麼道理呢？是他的異熟果。我們在座的，大多錢不多，夠生活而已，天天想鈔票，但異熟果的鈔票却沾不攏來。有人就是錢多，出門還會撞到錢，這是可遇不可求的，一切皆是異熟增上，是「**受用境界果**」的不同，這是另一種果。

受用境界的果報，有你所喜愛的，也有「**非愛**」，就是你討厭的這些業報，都是「**增上所起**」。過去有那樣的前生，這一生生在這個家庭，又碰到這樣的父母來培養你，都是增上緣所生起。「**六觸所生**」是六根接觸到外境所生的諸受，各人感受不同。同樣的氣候，有些體質好的，穿一件衣服正舒服；有些身體差的，風帽都戴起來了。這就是說「**六觸所生諸受**」的異熟果不同，所以叫「**受用境界果**」不同。

仔細觀察人生，你才曉得佛法之精細，告訴你的每個現象，都是精細又科學的。你以這個現象，看一切世間之受，同樣一個氣溫，有人舒服，有人難過。更有人一身是病，一生都在病中。簡直是活地獄，都在受罪嘛！但他還是寧願活著，哀求醫生想辦法，讓他活下去，寧可難受一點。這就是果報還沒有受完，「受用境界果」和「自體果」是果的二種，這還是歸納性的。這二種果如果寫書的話，去調查現實的資料做參考，是非常科學的，可以寫很厚的一本書。

你為什麼那樣愚癡

「牽引因者，謂於二果發起愚癡，愚癡為先，生福非福，及不動行。行能攝受後有之識，令生有芽，謂能攝受識種子故，令其展轉攝受後有名色種子，六處種子，觸受種子。為令當來生支想所攝識、名色、六處、觸、受次第生故，令先攝受彼法種子，如是一切名牽引因」。

因也有「牽引因」和「生起因」二種。「牽引因」就是攀緣，連續的關係，一個鈎一個，如掛鈎一樣，相續連接。佛法的文化是分析的，佛說的很詳細。中國的《易經》則是一個互字，互卦，相互的關係，兩個這樣鈎住，要我們看清楚什麼叫「**牽引因**」。自體果和受用境界果，引發了「**愚癡**」，因為你自己的前生後果，都看不清楚。有人學佛學了很多年，佛法是怎麼樣修他還不知道，這不是愚癡嗎？一片無明，多愚癡啊！未證菩提以前，一切眾生皆是愚癡眾生，都在睡覺，還沒有睡醒，真徹悟才叫睡醒，所以佛者覺也。

四個字一句，「**愚癡為先，生福非福，及不動行**」，不要唸成「愚癡為先生……」如果愚癡為先生的話，我給你們講個笑話，禪宗有個公案：有個居士去見一個大禪師，聽說學佛的人要吃素，我是喜歡吃肉呀！師父，你說吃肉好？還是吃素好？禪師說：「吃是先生的祿」，你命中該有此祿；「不吃是你的福」，不吃是你的福報，不殺生當然更好。這個公案就是說「先生福」的道理。

因為我們的無明，「**愚癡為先**」，所以生出來或有福或沒有福，人世間認為受用境界好叫作有福，受用境界差叫作無福。怎麼叫「**及不動行**」？很堅固牢固的繼續造業，動搖不了，這是不動行。行是不動的動，因為動得太快了，所以切斷不了。等於我們妄想，為什麼大家想清淨，而妄想停不了呢？妄想妄念來得太多，太快了，所以你動搖不了它。行業、行念太快了，行是行識，因為無明緣行，行緣識，無明動了，引發了識的種子。意識的種子發芽了，以後名色呀，六入呀，十二因緣，一個一個連續的關係，叫作「**牽引因**」。

這就是上次我給大家講的，大家學了佛學而不會用，真可惜。如果你打起坐來，不會做工夫的話，你就參佛學也可以呀！一念之間就是十二因緣，一呼一吸之間叫作一念。一念有無數剎那，勉強叫它是八萬四千剎那，又說一彈指有六十五個剎那。所以剎那之快，令人吃驚，眼一眨等於六十五個剎那，這一剎那之間就有十二因緣，誰能夠說得出來？你們參參看，平常這個問題參過、想過沒有？（同學答：沒有），沒有，那免談了。你看多可惜啊！你們說唸過佛學院，佛經、佛教刊物都看過，有什麼用？台灣佛教刊物很多，不要他寄來，已經寄來了，我也不想打開來看，因為都是十二因緣，六根、六塵、十八界等翻來覆去，都是這一套，寫過來，寫過去，沒有第二套東西，證明自己都沒有用功。

你們參究一下，一念之間有十二因緣，上座參究一下吧。所以為什麼佛經上說：聲聞眾弟子，當佛在世的時候，一聽佛說十二因緣，聽聖教量，聽佛的說法，立刻就證果了。佛說法是講道理呀！他在理上說，聽眾言下就頓悟了，就成道了。你說那是他因緣福報好，碰到佛呀！但是現在佛經還在，並沒有差別太遠，你也看了，怎麼說沒有福報呢？因為你沒有回轉在自己身心上做工夫，問題是在這裡呀！

上次告訴你，一念起來，作得了主嗎？每個人都作不了主，就是無明，它莫名其妙就來了。尤其越打坐，莫名其妙的念頭越多，原來沒想的什麼念頭都來了，所以叫作一念無明。這個無明本身就是個行呀！它是股力量，無明本身也是有分別的。譬如正唸佛時，忽然想到那一雙舊皮鞋不知放到哪裡去了呢？然後想，唉！不要亂想呀！妄念。無明緣行，行緣識，這裡頭就有名色，舊皮鞋，不要亂想，名色都有了。所以這一念之間，十二因緣，生老病死都齊全的。你參參看，這就是教你學因明邏輯了。這一念之間就具備了十二個次序的邏輯，就輪迴十二道，一念無明起，就有那麼可怕。但是你不要搞錯了，以為這個念最好不要來；不錯，這一念就是無明，如果念不來則是無記，無記是大昏沉，又不對了。

所以同樣的佛學道理，你們都用不上，上了佛學院又有什麼用啊？你在理上不能入，行上也一樣不能到呀！號稱學佛，不是自欺欺人嗎？現在佛經上告訴你，在這個觀法上，正思惟是可以證入的。所以我告訴你們，一念就具備十二因緣，何必參三世的十二因緣呢？那更多了。這就是為什麼佛在世的時候，一聽佛說四諦，五大比丘就證果了；然後說十二因緣，無數比丘也證果了。你以為他們得的都是蘋果嗎！他們是聽了佛的一句話，當時回轉來就參進去了，所以能證果。我們也看了，也聽了，卻沒有用，可惜呀！

這一段道理，都是要自己在理上去參的，這一段就跳過去，並不是說不重要，是很重要的。大家聽了，尤其是我們這一堂，少數是相應，多數是不相應。大家儘管是讀書，但不一定是搞思想，學哲學硬要有哲學的頭腦，邏輯要有邏輯的頭腦，否則的話，頭腦越搞越昏，也還是不懂，然後還認為不重要。尤其是東方人，邏輯頭腦很不夠，所以這一段少數相應的可以自己研究；不過這一節很短，不相應、不大契機的，自己也研究看看，有問題來問我。

現在看下一欄七百八十四頁第一行。

界　合相　界差別

「云何勤修界差別觀者，尋思六事差別所緣毗鉢舍那。謂依界差別增上正法，聽聞受持增上力故，能正解了一切界義。謂種性義，及種子義、因義、性義，是其界義，如是名為尋思界義。又正尋思地等六界內外差別，發起勝解，如是名為尋思界事」。

界相，譬如十八界，界就是範圍，是一個界限，我們這裡有這個牆，有個門，門內門外就是兩界之界限。像六根、六塵、六識，中間有界存在的。

在理論上，界在哪裡是一個邏輯問題，要尋思，要我們自己去參究，就是「尋思界義」；進一步再要「尋思界事」。

「**又正尋思，地為堅相，乃至風為輕動相，識為了別相，空界為虛空相，遍滿色相，無障礙相，是名尋思諸界自相**」。

譬如我們坐禪，也可以參禪、參究，用界相這個大話題來參究。「**尋思地為堅相**」，譬如你腿坐到發麻了，腿也是地水火風構成的，骨頭屬於地大；血液屬於水大，有氣走不通是風大，有煖氣是火大，地水火風皆在。觀察界相，如修白骨觀等等，先由堅相的地大入手，覺得氣脈跳動是「**輕動相**」，是風大之流動；感到腿發麻、腿痛是「**了別相**」；空是「**虛空相**」。正思惟禪修的時候，參這個四大的界相，同樣可以證入，這屬於毗鉢舍那，正觀；不屬於觀想，不加一個想字。

毗鉢舍那是正觀，所謂周遍尋思，審擇尋思，周遍觀察，審擇觀察。普通常用一個名辭叫反照，或反省，認為是檢查自己思想對不對，行為對不對。這樣叫作反省，這是粗的；如果是細反省，就是周遍尋思，審擇尋思，周遍觀察，審擇觀察，也就是正觀。正觀同樣可以證果的。

「**又正尋思，此一切界，以要言之，皆是無常，乃至無我，是名尋思諸界共相。又正尋思，於一合相（念想）界差別性不了知者**」。

注意！如果是自己的書，這一節可以把它標起來。《金剛經》講到一合相，歷代祖師解釋《金剛經》的一合相，說來說去都不清楚。甚至有些邪門外道的解釋說，一合相為男女雙修法，真該打。真正的一合相，是根塵相合，心息相合，心物相合。所以你們以後解釋《金剛經》的一合相，就可以把這一節用上了。

既然是一合相，如我們兩手相合，一合相，這個中間合得很緊，有沒有界限呀？當然有，這個中間的「**界差別性**」，一般是不了知的。如化學試驗，一杯水丟下兩種藥品混合，或麵粉裡放鹽巴，或放白糖，變成了一合相，這個中間有沒有界的差別？以科學物理的道理，一樣是有差別的。所以照科學物理方法，混合的藥物都可以把它分解開的，糖歸糖，麵粉又歸麵粉，說明這中間有界性的差別。所以說，對這個差別性，一般並不了知。（按：「合

相」，有版本是「念想」，南師是以合相解說）

「**由界差別所念成身，發起高慢，便為顛倒黑品所攝，廣說如前**」。

我們這個身體，是由地水火風合攏來而成的。在界差別的所念成身，「**發起高慢**」，這是說，有些人自認英雄氣概，顧盼自雄，自稱英雄，看今天電視（一九八〇年十一月二十日），江青上台受審的時候，還自覺是皇后，因為她的界差別相，自生高慢，是屬惡業。

「**與上相違，便無顛倒，白品所攝，廣說如前，如是名為尋思界品**」。所以尋思界品，屬於白品的話，就沒有顛倒，一樣可以證果。

「**又正尋思，去來今世，六界為緣，得入母胎，如是名為尋思界時**」。

又再參究，由這個法門來修，來參究，可以得宿命通，當然不是一下就能到的。所以「思入風雲變態中」，要慢慢參，參自己色身怎麼構成；當入胎的時候，過去、現在、未來三世，與地水火風空識，六界六緣所生，成胎而生此身，這叫「**尋思界時**」。

「又正尋思，如草木等眾緣和合，圍繞虛空，數名為舍，如是六界為所依故。筋骨血肉眾緣和合，圍繞虛空，假想等想施設言論，數名為身」。

要把我們這個身體，都觀察清楚，所以我要你們入手先看《顯密圓通成佛心要》，上面簡單扼要都有。可惜你們一聽到密法，就只看密教部分，顯教部分都不看，認為這些教理在佛學院都讀過，以為懂了，其實沒有懂。顯教的尋思是同樣可以入道的，現在講到人生命的構成，外面的物理世界與我們色身的關係，在這個上面參究，一樣可以證道。

「復由宿世諸業煩惱，及自種子以為因緣，如是名依觀待道理，尋思諸界差別道理」。

再由身體內在的觀察，尋思反照，為什麼我會是這個個性？為什麼我腦筋那麼笨？為什麼我不能成道？為什麼我不能證得菩提？用邏輯尋思的方法，一樣一樣的推究，由宿世曉得我今天頭腦的聰明或笨，脾氣大或小，多病或健康，都是由過去世的一切業的種子所帶來。這種修法名為「**觀待道**

理」，正觀毗鉢舍那，「**待**」是相對性，尋思諸界差別的道理。

「又正尋思，若於如是界差別觀，善修善習，善多修習，能斷憍慢」。

這是佛經的文字習慣，另一方面也可以看到佛菩薩說法的慈悲，一句一句的加重語氣，等於你們現代化的演講，「這可悲啊！真可悲啊，太可悲啦」。「**界差別觀，善修善習**」，好好去修行，多去練習，「**能斷憍慢**」。因為此中無我，沒有什麼好憍慢的，這是要親證才算。

「又正尋思如是道理，有至教量，有內證智，有比度法，有成立法性，難思法性，安住法性，如是名依作用道理、證成道理、法爾道理，尋思諸界差別道理，是名勤修界差別觀者，尋思六事差別所緣毗鉢舍那」。

在參究做工夫的時候，有聖教量、佛經，可以佐證自己到達沒有，自己就會知道，如人飲水，冷煖自知，這是「**內證智**」。這是可以比較的，看看高僧的傳記，看其他高人的修行，到了氣脈起變化，氣質也變了，這是「**比**

度法」來的，比量來的。「**有成立法性**」等等，屬於「**作用道理**」，是工夫；「**觀待道理**」是觀察、反省；「**證成道理**」是自己到了哪一步工夫，自己很清楚，自己內證智自知。不像你們還問：老師，我這是怎麼回事呀？可見自己一點內證智都沒有。「**法爾道理**」是諸佛菩薩境界自然如此，不思而得，不勉而中，自然清楚了。

如何修數息觀

「**云何勤修阿那波那念者。尋思六事差別所緣毗鉢舍那**」。

現在講到數息觀，天台宗所引用的這一法，智者大師也交待得很清楚。所謂「**阿那波那**」，就是數息觀，又叫六妙門，數、隨、止、觀、還、淨。可惜後世一修天台宗，大家就抓住前面的「數」，搞了一輩子，打坐都在那裡數錢一樣，數自己的氣，一二三……數了半天。你數氣幹什麼？你不是跟自己來賭氣嗎？有個氣進來，出去，又空掉了，你儘在數它幹嘛？智者大師交待的很清楚，是你們自己看不清楚。數息是你心散亂的時候，姑且借這個氣息相依的「數」，讓自己慢慢靜下來，粗的呼吸慢慢變細以後，就不要再數下去了。

第二步「隨」就來了，靜得差不多，你就不要再當會計了，數了半天，「一坐數千息」，數了一輩子，總是數不好。太笨了，多可惜呀！他明明告訴你是六個步驟，數得差不多，心寧靜了就隨，跟著息走，不要再數了。

第三步是「止」，慢慢隨息久了，逐漸靜下來，好像呼吸沒有了，念也止了，呼吸也停了，很快的嘛！一念之間就是六妙門，可惜你們不懂，太不高明了。所以現在告訴你，毗鉢舍那，觀出入息。「息」就是一呼一吸之間。

「依入出息念增上正法，聽聞受持增上力故，能正了知，於入出息所緣境界，繫心了達，無忘明記，是阿那波那念義，如是名為尋思其義」。

數息雖是講數，但是中間有一個道理，當你修數息觀，數出入息的時候，呼吸這一口氣，進來了知道；出去了，曉得出去了，這叫「**能正了知**」。在這個境界上，「**繫心了達**」，心念跟呼吸配合，和合為一。怎麼叫和合為一？每一個呼出去知道，吸進來也知道，沒有散亂，沒有雜念岔進來，就是繫呼吸於這個心上。「**無忘明記**」，中間沒有無記，沒有忘記過，很清明的記著呼吸之往來，「**是阿那波那念義**」，這個「**念**」就是隨時知道息的往來，就是心息相依。阿那般那就是出入息。

這裡頭，就是曉得自己念頭呼吸往來，怎麼叫「**尋思其義**」呢？就是參這個知性。我問你，為什麼要去修這個息呀？修呼吸幹什麼？聽呼吸練氣功嗎？呼吸屬於哪一大？（同學答：風大。）是風大，風是什麼法呢？是生滅法，呼吸有生有滅，也不停留。修行是求證無為之無生滅道，為什麼以生滅法來修無為呢？此中要參呀！要能夠這樣參，正了知尋思其義。所以數息、止息等等六妙法門，講氣脈，講氣息，皆是方便而已，都屬於生滅法，修它就有，不修就沒有，所以要「**尋思其義**」。

「**又正尋思，入息出息在內可得，繫屬身故，外處攝故，內外差別，如是名為尋思其事**」。

再正思惟尋思，「入息」是氣進來，「出息」是呼出去。這裡有個問題，你們可以參一下，它為什麼講入息出息，不講入氣出氣呢？為什麼古人用這個息字呢？（有同學答：氣是粗的呼吸，息是微細的。）不對，講修氣是風大，粗的為風，再細一點點的謂之氣，最細最細的謂之息，普通是這樣解釋，是從文字表面上看的。你們要體會呀！做工夫的人，我們呼吸一出一入之間，有一剎那既不出又不入的，那就是息。心粗的時候不知道，心細一點點就知道了。息，休息也，聽懂了嗎？好好去體會，這一段才是息。（有同學問：是不是若即若無？）

若即若無都加不上去，只要你有一點點若即若無，它就有出入相，是自然的現象；入出是呼吸兩個之往來，真正重要的是，體會那個息的境界。你們真能夠做到的話，當下就得奢摩他，得止了，呼吸止了，心念也止了，顯教密宗一切殊勝法門的功德境界就出來了。可惜你們不懂，現在我把無上的道理，也是無上的祕法，都告訴你們了。密法，什麼密法？沒得密，就是因為你們不懂，所以就是密；懂了，就如六祖講的，「密在汝邊」，密在你那裡，不在我這裡，懂了吧！

入出息「**在內可得**」，在身體內部你感覺得到，「**繫屬身故**」，因為這個呼吸來往靠鼻子，它是身體上的。雖然有時鼻子不呼吸，有時打起坐來，身體裡頭跳動，氣發動，感覺得到。我問你，為什麼感覺得到？（同學答：繫屬身故。）繫屬身故，因它這個時候屬於身體內部的一種。假使沒有了身體呢？人死了，這個身體爛掉了，這個風大、息還有沒有？（同學答：沒有了。）是身體上爛肉沒有而已，風大，整個物理世界之風大，照樣的存在啊，對不對？所以「**外處攝故，內外差別**」，沒有身體的時候，這風大本身沒有變呀！只是內外有差別罷了。

所以你看《楞嚴經》就進一步了，講物理世界，講得好呀！「性風真空，性空真風」，盡虛空，遍法界，無所不在，「隨眾生心，應所知量，循業發現」，因眾生心不同，業力不同而感受不同。說的多好呀！有一些學者研究《楞嚴經》，說它是偽經，是假的，這是因為他自己沒有讀懂，不是文字沒有讀懂，而是道理沒有親身證得，進不去。

在這裡彌勒菩薩告訴我們，身上這個呼吸之氣，同外面空氣之氣，是連帶在一起的，這是講粗的。真正要是講到細的，那又是一門學問了。我們一呼一吸，裡頭多少東西，你知道嗎？鼻子吸一口氣進來，這裡頭有多少氧氣？多少碳氣？氧氣和碳氣在你身體裡頭又是怎麼作用的？人為什麼打哈欠？因為腦子裡氧氣不夠了。所以我經常告訴你們，現在是科學時代，學佛不懂科學那就免談了。

有關我們這個氣的一出一入，這個裡頭顯教、密教的經典都沒有講，那又是另外一套法門，要是懂了這個，你修行做起工夫來就更得力了。所以這個氣「**外處攝故，內外差別**」，是指風大；這個數息的出入息，是身體內部的。但外面仍有風，內外有差別，這樣去參究，就是「**名為尋思其事**」。

本論的文字很科學，六事尋思，先義後事，先參透這個理，然後還要去求證它的事實。

掌握呼吸之間的息

「又正尋思，入息有二，出息有二。若風入內，名為入息，若風出外，名為出息。復正了知，如是為長入息出息，如是為短入息出息，如是息遍一切身分，是名尋思諸息自相」。

就是你們學道家、密宗的修氣脈，也是一樣，你以為呼吸才叫息嗎？剛才跟你們講過的，息是鼻子既不呼又不吸的中間停止那一段。停止的這一段，慢慢增長，成為內在息，內在息就是一般所講的氣脈。「正了知」，了解了身體裡面哪一部份氣脈在動，「如是息遍一切身分」，了知全身都有氣息。所以人的呼吸不一定全靠鼻子。假使地下挖個洞，讓人站進去，只要把土埋到心臟部分，這人就死了，因為身體下面一半的呼吸沒有了。人的皮膚都在呼吸的，前後陰，甚至每個細胞都在呼吸。所以懂了這個原理，修氣脈很容易的。

什麼叫氣脈？古人不懂現代的科學，現在要使氣脈通，可以利用物理科學使它通。像我說的，可以利用氧氣把它逼通，很快的；但是你不懂可別亂搞，像我拿氧氣來試，錢也花了，命也拚了，自己冒險測驗的，這就是「**尋思諸息自相**」。

「**又正尋思，入息滅已，有出息生；出息滅已，有入息生。入出息轉，繫屬命根，及有識身。此入出息及所依止，皆是無常，是名尋思諸息共相**」。

剛才講過，要研究入息停了，就是「**出息生**」，出息是這一口氣出去，沒有了，這個中間有一剎那停止的息；然後再「**入息生**」，就是吸進來的氣。這個一出一入之間，互相轉換，連續的關係，構成了生命，屬於命根的長養氣，還不是根本氣。人的生命是很短的，把鼻子喉嚨之氣呼出去，而不吸進來，人立刻死亡，所以呼吸，氧氣很重要，因為現行生命的根是靠呼吸維持的。

煖壽識相依，煖與風息是連帶關係的，火風二大連在一起，地水二大連在一起。所以人死的時候，先是地大沉重了，老了，腳都走不動，手都拿不動了，要死的人手腳無知覺，不知手腳在哪裡？因為那個地大散了。地大一散掉，冷汗先出來，大小便也冒出來了。地水兩個完了以後，火大走了，身體慢慢開始變冷。身體冷到哪裡，風大，這個氣就完結到哪裡，喉嚨「喀」一聲就斷氣了。風大最後一走，識接著就走了。

你們要做工夫，就要在這個四大方面好好研究。你看嬰兒一出娘胎，好小；臍帶一剪斷，被空氣一刺激，馬上變大了，是空氣壓迫進去的關係。嬰兒「哇」那一聲，十萬八千個毛孔，如十萬八千根針插進來一樣，那個氣立刻依身體膨脹了，這是生之苦也；你們吃過這個苦頭都忘了。這樣好好的尋思也可以憶起來的，找回來那個境界。我們同學之中，有人入胎的時候還記得，出胎也記得，生下來還記得，也有這種人的。由於出入息不能永恆，都是無常，所以無自性，「**尋思諸息共相**」，要觀察清楚。這一段是安那般那，毗鉢舍那的範圍，是觀的境界。所謂觀就是要精細參究其中的含義。

「**又正尋思，若於如是入息出息，不住正念，為惡尋思擾亂其心，便為顛倒黑品所攝，是有諍法，廣說如前。與上相違，便無顛倒白品所**

攝，是無諍法，廣說如前，如是名為尋思其品」。

一呼一吸是一念，一念之間不住正念，就會胡思亂想。這是戒呀！尤其聲聞出家比丘，入息出息不住正念的話，被惡尋思擾亂，就會成為惡業，是黑品，這是戒定慧的戒。內心妄念多，黑品所攝，為有諍法；相反的，能住正念的就是善業，所以正念念念清淨，甚至把念觀空。

「**又正尋思，去來今世，入出息轉，繫屬身心，身心繫屬入息出息，如是名為尋思其時**」。

當我們修數息觀的時候，正尋思去來今世之出入息，在這一呼一吸往來之間，我們才能活著，才有這個身心。換句話說，我們有身心，所以才有出入息。這個樣子叫作「**尋思其時**」，但出入息無自性，其體性空。

「**又正尋思，此中都無持入息者，持出息者，入息出息，繫屬於彼，唯於從因從緣所生諸行，發起假想施設言論，說有能持入出息者，如是名依觀待道理尋思其理**」。這都是重複的，與上面一樣。

「**又正尋思，若於如是入出息念，善修善習，善多修習，能斷尋**

思」。

你能修出入息，以這個方法修行，多多練習修好了，自然「能斷尋思」。沒有妄想。

「又正尋思如是道理，有至教量，有內證智，有比度法，有成立法性、難思法性、安住法性，不應思議，不應分別，唯應信解」。

這是彌勒菩薩吩咐你的話，「唯應信解」。

「如是名依作用道理、證成道理、法爾道理尋思其理，是名勤修阿那波那念者，尋思六事差別所緣毗鉢舍那」。

這樣參究這個理，就是修止觀的正觀。

「如是依止淨行所緣，尋思六事差別觀已，數數於內，令心寂靜，數數復於如所尋思，以勝觀行審諦伺察，彼由奢摩他為依止故，令毗鉢舍那速得清淨」。

總而言之，要修定，以修定為根本。

「復由毗鉢舍那為依止故，令奢摩他增長廣大」。

觀慧，有定，以觀發起了真正的清淨智慧。相反的，你觀慧成就了，也能使定的三昧增長廣大，所以理越通，慧力、定力越大。

「若依止善巧所緣，及淨行所緣，尋思六事差別毗鉢舍那，於其自處，我後當說」。

這是彌勒菩薩講的，他說將來再說。

第十五講

修定　修慧　修加行

從這一段起，有許多地方可以跳過去，唸過去，因為不是正式修持最重要的地方。現在是講聲聞乘的修定修慧，佛法的果就是慧成就，最後就是般若，佛法與一切宗教以及外道的不共法是般若，般若是慧，是修慧來的。打坐是修止、修定的一個初步練習，不算佛法的不共法，它是共法。

現在講修慧的重要。修慧的初步就是修毗鉢舍那，修觀行，觀的修行，現在都是講修觀的部分，這個基本不要忘記了。有人不曉得自己在搞些什麼，尤其你們大家，前後都沒有複習，都是莫名其妙，所以要認真，既要預習，下課後更要複習。

打坐是修定的初步，很粗淺，那是共法。修定固然很難，但仍不算太難；

修慧看起來很容易，但是事實上很難。

「復次此中有九種白品所攝加行，與此相違，當知即是九種黑品所攝加行。云何名為白品所攝九種加行。一相應加行、二串習加行、三不緩加行、四無倒加行、五應時加行、六解了加行、七無厭足加行、八不捨軛加行、九正加行」。

這是白品的善法加行。「**不捨軛**」，「**軛**」是牛拉車時，掛在脖子上的一個圈，隨時要掛著，不能捨軛。也就是老子所說的，「聖人終日行，不離輜重」，一放逸就不行。

「由此九種白品所攝加行故，能令其心速疾得定，令三摩地轉更昇進」。

觀行不成就，大家不能得定，那是因為理不透，所以毗鉢舍那是有如此重要。而要想修觀行，要修這九種白品，都是善法所包含的這些加行，可以使此心很快得定。我們真正不能得定的原因，不是身體不能定，是心不能定。定不一定是三昧，心真得定了以後，各種三昧越來越向上昇華。

「又由此故，於所應往地，及隨所應得，速疾能往能得，無有稽遲」。

修了九種善品加行的原故，你想進入哪一種定境，或者小乘的九次第定，或大乘的菩薩十地，你應該到的，都會到。「及隨所應得」，隨你的意念所要得的，很快的能夠得到。不會慢的，是很快的。

「黑品所攝九種加行，不能令心速疾得定，不令三摩地轉更昇進。又由此故，於所應往地，及隨所應得，極大稽遲，不能速疾往趣獲得」。

同樣一個修行，修黑品的業，永遠不能得定，也永遠不能得到隨所應得的境界。所謂黑品，惡業，都是在輪迴，在散亂煩惱中過的。這個理由先講明，如果是修白業，結果自然不同。佛過世以後的後世佛學，諸大菩薩所著的論，都是非常合邏輯的，看起來很囉嗦。如果是中國文化，講了一面，另一面就懂了。可是他們不是，詳細告訴你正面是怎麼樣之後，反面雖然是同樣那幾句話，也再給你講一遍。現在一點一點的分析。

個性不同　修法不同

「云何名為相應加行。謂若貪行者，應於不淨安住其心。若瞋行者，應於慈愍安住其心。若癡行者，應於緣起安住其心。若憍慢行者，應於界差別安住其心。若尋思行者，應於阿那波那念安住其心。若等分行者，或薄塵行者，應隨所樂攀緣一境安住其心，勤修加行。如是名為相應加行」。

這些都是修行的加行法，加行法就有這麼多。欲念重的人，貪念重的人，貪戀這個世間的，第一就是要修不淨觀。不淨觀、白骨觀為什麼那麼重要？為了要打破自己無始以來的貪欲念的習氣，必須要修。當然有許多人修了不淨觀，自己沒有見過那個場面，認為也蠻可愛的，對不對？你們也到醫學院看人家解剖，回家吃飯，吃不吃得下？照吃不誤，所以不淨觀對你們沒有用，縱然白骨也風流。那怎麼辦呢？不淨觀不一定要到尸陀林去看死人，廣義的不淨，就是對一切都厭惡。貪念重的人，多多體會世間的不淨，就會起厭惡之心。

所以在別的經典上說，學佛的第一步，看你有沒有發起厭離心，厭惡這個世界的一切，認為都是不淨。譬如人世間是非多，煩惱多，都是不淨，這是廣義的不淨。狹義的不淨，先要你看這個死人，看肉體爛了的、腫了的，這個不淨觀是先了身；先了自己這個色身之貪念，曉得色身總歸要壞的，總歸是那個樣子。廣義的不淨觀就包括很多了。不淨觀仍屬於加行，還不是正思惟，但是非修這個加行不可，必需要修的。

瞋心大的，對一切眾生要修慈愍觀，你們慈愍觀修不修得起來呀？你們脾氣大得很，心腸狠得很，一點都動不了。重點在「**安住其心**」這四個字上，這都很難，既不能安，又不能住，偶然第一念蠻好的，孟子說的：「惻隱之心，人皆有之」，但是並不一定。還有人覺得殺人很好玩，在刑場要槍斃人犯的時候，有些人還拿饅頭在那裡等著，要沾那個殺頭流出來的熱血，而且趕快吃下去，聽說很補，哪裡還會有慈悲觀？你不要覺得自己不會有瞋心，每個人都有瞋心，而且很大。

癡心大的人，要修緣起觀，看一切都是因緣所生法。因緣所生法大家都會講，沒有看過，沒有用心去體會過；認為佛經說的我們一看就懂，所以這些佛法不必修了。其實你回轉過來仔細一想，為什麼諸佛菩薩都是那麼講？為什麼再三的強調呢？我們先回轉過來反省一下，每一種法不是修不起來，而是不肯去修，而且更不會達到「**安住其心**」。問題就來了，明知道是空，「看得破，忍不過，想得到，做不來」；明知道要慈悲，但想得到，做不來。安住其心都沒有做到，因此定慧都不相應。

人天生就有憍慢，憍慢的人，是天生業力習氣帶來的，「**應於界差別安住其心**」，所以六道輪迴，三界天人各有各的差別我慢，我們看人家看不起，上界的人看我們更看不起。就飲食而言，我們看狗吃大便很香，由於我們的界，地位比狗高，所以看牠髒；天人看我們吃飯，像我們看狗吃飯一樣，也覺得很髒。把這個界差別弄清楚，就沒有什麼憍慢心了。

思想太多應修「**阿那波那念**」，就是聽呼吸、數呼吸的法門等等，藉呼吸來清淨自心。但是有人數了幾年下來，越數思想越亂，所以「**安住其心**」

四個字，是這樣的重要。「**若等分行者**」，如果貪瞋癡慢都一樣的重，或都一樣的輕，應修的法門是「**隨所樂攀緣一境**」，專注一點，安住其心，這些都是「**勤修加行**」。現在像我們大家，加行都沒有做到，何況得止呢？

這些都叫「**相應加行**」，相應是與你學佛修定修慧相關聯，就是相應，互相關聯，有感應，所以這個是白品所攝，就是善業道。

「**云何名為串習加行。謂於奢摩他、毗鉢舍那，已曾數習，乃至少分，非於一切皆初修業。所以者何。初修業者，雖於相應所緣境界勤修加行，而有諸蓋數數現行，身心麤重，由是因緣，不能令心速疾得定，如是名為串習加行**」。

我們修行要累積功德，像賺錢一樣，一點一點賺來的；慢慢的，一串一串加上來，所以叫串習。對於修止修觀，或者已經修習過了，或者「**乃至少分**」，有一點點影子了。但是只能說你在定慧上練習，先串習好，對於其它一切功德業力，並沒有開始修習。菩薩道的菩薩萬行，你碰都還沒有碰過。

什麼叫「**初修業者**」？就是初修善業的人，大家開始修行，修善業，雖然念佛也在念，打坐也在坐，唸咒子的也在唸，「**而有諸蓋數數現行**」，但是財色名食睡，貪瞋癡慢疑大小五蓋等等，把你蓋住了。「**數數現行**」，五蓋隨時起來，三天打漁，兩天曬網，打坐有一兩堂比較好一點，然後覺得自己很有功勞，應該輕鬆一下。一輕鬆，七八天半個月過去了，身心也粗重了。

再看年紀大的人，病也多了，走路腳抬不起來，拖著走，因為身體粗重。年輕人身體健康的話，很輕，所以跳得高，很容易把他抱起來；抱死人就抱不起來，這一口氣不來身體就重了。所以人活得越老，身體越粗重，再不然就是肚子大了。相反的，有工夫，修持到的，身心都會很輕靈，身輕如葉；心也很靈敏，不會笨笨的，如果討論問題，反應也很敏捷。那些身心粗重不靈敏的人，因五蓋數數現行，「**不能令心速疾得定**」。因不能得定，所以要多練習，定慧是要功德才能慢慢累積起來的；修行的工夫累積起來，就是功德。

修行為何不可拖延

「云何名為不緩加行。謂無間方便、慇重方便，勤修觀行，若從定出，或為乞食，或為恭敬承事師長，或為看病，或為隨順修和敬業，或為所餘，如是等類諸所作事，而心於彼所作事業，不全隨順，不全趣向，不全臨入，唯有速疾令事究竟，還復精勤宴坐寂靜，修諸觀行。若有苾芻、苾芻尼、鄔波索迦、剎帝利、婆羅門等，種種異眾，共相會遇，雖久雜處，現相語議，而不相續，安立言論，唯樂遠離，勤修觀行」。

這一節是說，你不能拖延修行時間，不管中間什麼原因，都不可以。等於我們現在大家修行，不能藉口拖延，要想盡辦法不間斷，隨時隨地要用功，尊重自己，勤修觀行。

舉個例子，比如有些人打坐坐得很好，打坐不算是修行，是加行，他雖然修行修得很好，為了生活，下山去化緣，乞食；或者老師有事去幫忙，或者父母親戚有病回去照顧，或者團體有事，須要參加幫忙……種種理由。雖然環境擾亂你，你身體也在幫忙做事，但心在修行，心還要做工夫才對。「**而心於彼所作事業，不全隨順，不全趣向，不全臨入**」，這樣要求自己，趕快修到定慧的境界。所以隨時抓住空閒的時間，「**修諸觀行**」，打坐去了，求清淨，應該做的工夫不能間斷。

近事男「**鄔波索迦**」，就是修行的居士們，一般學佛的人。「**剎帝利**」是當帝王的，軍人等。「**婆羅門**」是宗教的教主、傳教師等等。「**種種異眾，共相會遇**」，人世間有許多關係往來，種種聚會，大家見面的時候各種應酬。雖然如此，此心沒有離開修持，「**唯樂遠離，勤修觀行**」，在一切環境中，此心不變，努力求進步。

「**又能如是勇猛精進，謂我於今定當趣證，所應證得，不應慢緩**」。要發狠心，下決心，發願，我這一生，或者這幾年，非證入一個境界不可。不應該寬容自己。或者說等一下，我現在還在這裡讀書，這個學期不談，下個學期我再努力一點。這種觀念就不對了。

「**何以故。我有多種橫死因緣，所謂身中或風或熱，或痰發動，或**

所飲食不正消化，住在身中，或宿食病」。

什麼理由呢？因為一個人生命常有意外，隨時會死掉的。你們自己檢查自己，不要認為現在年輕健康，如果四大不調，可能中風，就是氣的問題；血壓高，或者高燒，火力大，水力不夠，風力不和，或痰發動，隨時都有可能生病。我們人身體都有痰，老年人肺部或氣管痰多了，用管子抽痰，最後痰堵住不能呼吸了，死了。或飲食不正，看到好菜猛吃，硬塞則不消化。佛是大醫王，什麼病症都很清楚。

其實每人每天三餐，腸胃裡並沒有消化完，吃得越多，越容易得病。出家人過午不食，中午一大碗一大碗的吃，所以吃多了，肚子也大了，雖然夜裡有十二個鐘頭不吃，但消化不完的那個渣子，就留在腸子裡，成「**宿食病**」。道家說，「若要不死，腸裡無屎」，大腸用X光一照，透明的，都沒有東西，健康得很。普通人都是一大堆廢物在腸裡，發出很多種顏色，紅黃綠都有。消化不良，腸胃壞了，就是宿食病。

所以修瑜珈的人，每禮拜總有一兩天不吃飯，光喝水，把這腸子洗乾淨。

瑜珈術也有練習專門洗胃的功夫，一條紗布很長，消毒過的，嚥下到胃裡去，而後拉出來，把胃洗乾淨，那個味道很難聞。如果講佛法，第一位到中國來顯神通的和尚佛圖澄，他老人家胸口有一塊棉花，把棉花拉開，燈光就出來了，可以看書，看完了又把它塞起來。有時候到水邊，把腸胃拿出來洗一洗，洗乾淨再裝進去。所以「**不正消化**」會患宿食病，是很可怕的，這是內在的問題。

「**或為於外蛇蠍、蚰蜒、百足等類諸惡毒蟲之所蛆螫**」。

或者被外面百足等類，蜈蚣等咬傷，或者感染外來的傳染病。

「**或復為人非人等類之所驚恐，因斯夭沒**」。

或被車子撞了，被人殺了；或受「**非人**」，鬼等驚嚇。有些人身上有紫斑，就有人講，因為夜裡給鬼掐了，起來一塊青的，就是紫斑症。我們的生命是那麼的脆弱，內內外外有許多意外情況，隨時會讓我們死去。不要說自己身體好，沒有關係；沒有關係？這個身體，地水火風少一樣都不行。

「**於如是等諸橫死處，恆常思惟，修無常想，住不放逸。由住如是**

不放逸故，恆自思惟，我之壽命，儻得更經七日、六日、五日、四日、三日、二日、一日、一時、半時、須臾，或半須臾，或經食頃，或從入息至於出息，或從出息至於入息，乃至存活經爾所時，於佛聖教，精勤作意修習瑜伽，齊爾所時，於佛聖教，我當決定多有所作，如是名為不緩加行」。

隨時要想到，壽命無常，一口氣不來，生命就沒有了，所以對於佛聖教要精勤作意，修止，修觀。

「云何名為無倒加行。謂如善達修瑜伽行，諸瑜伽師之所開悟，即如是學，於法於義，不顛倒取，無有我慢，亦不安住自所見取，無邪僻執，於等教誨，終不輕毀，如是名為無倒加行」。

什麼叫「無倒加行」？就是依照教師的指導，無顛倒行，無顛倒見，沒有我慢，也不會執著自己的意見。對於親近的教師，你如果認定他是可以指導你的，就不可以輕毀。不是背後罵才叫毀，如果身心行為沒有照他的教法去做，就是毀。

止相止時　觀相觀時

「云何名為應時加行。謂於時時間修習止相，於時時間修習觀相，於時時間修習舉相，於時時間修習捨相。又能如實了知其止，止相、止時。了知其觀，觀相、觀時。了知其舉，舉相、舉時。了知其捨，捨相、捨時」。

這一段就難懂了，應時時加行，修行人隨時隨地要了解自己現在是什麼境界，做的什麼事。你說我不知道，佛菩薩在教理上不是都告訴你了嗎？要隨時隨地修止、修觀。要知道「**舉相**、**舉時**」，昏沉時，把自己提上來，不能掉舉；太沉沒了必須舉起來。如果精進太多太旺了，三天三夜都睡不著怎麼辦？那就要修習捨相，把它空掉，就是要把高亢的精神空下去，難啊！要調伏到中庸很難。精神越旺，散亂心越重；精神不夠就昏沉，愛睡覺了。所以要想辦法把它調好。

要徹徹底底認識，什麼是得止？什麼是止的相？都要知道。你現在是在得止，還是在昏沉？自己要曉得，搞清楚。這個止相境界應該止多久才對？都要搞清楚。譬如一般人講修氣脈，氣脈通了，轉河車，要轉到什麼時候呢？老是在那裡玩氣脈嗎？到哪個時候是該玩？不該玩的時候又要怎麼辦呢？方法、時間，知不知道？不知道就是盲修瞎煉，最後的果位是墮落；充其量生天，成為天阿修羅。所以要知道止的「**止相、止時**」。

修觀行，修觀，修慧時，「**觀，觀相、觀時**」也要搞清楚，所以要修一切法門。譬如有時候感冒，修止觀時要用哪個法門呢？這個法門既可以修成就，又可以去病，你就要懂呀！不能說有老師在，不懂沒關係，我有多少時間給你問呀？這裡幾十個，那裡幾百個，把我分了也不夠。為什麼自己不學呢？所以觀相、觀時都要了知。

該怎麼樣就怎麼樣，「**舉，舉相、舉時**」，是要提高精神，方法是什麼要了知。關於「**捨，捨相、捨時**」，這就麻煩了，應該怎麼辦？下面會告訴你。

「云何為止。謂九相心住，能令其心無相無分別，寂靜極寂靜，等

住寂止，純一無雜，故名為止」。

得止有簡單九種心住現狀，心住不是心停掉，是住；心停掉了不叫定，那叫死亡。心住，住在哪裡？等於人家問你，你現在住在哪裡？我住在這裡。心住有九種，心一住了，「**能令其心無相**」，不是空，也不是有，不是黑暗，也不是光明，沒有分別，無相，靜到極點了。「**等住寂止**」，由心住到止，流水一樣，止在那裡，「千江有水千江月，萬里無雲萬里天」，清風不來，微波不興，一塘清水。「**純一無雜**」，專一在這個境界，沒有雜亂，不是不知。如果什麼都不知，那完全是在昏沉中了。真得止的人，一定是端容正直；佛菩薩之相，一定是莊嚴慈祥。如果坐起來背如彎弓，頭如骷髏，那會是有道嗎？我從小就多帶一隻眼睛出去訪道，你們自己也要戴一副擇法眼，有道無道，般若慧眼一看就知道了。

「**云何止相。謂有二種，一所緣相，二因緣相。所緣相者，謂奢摩他品所知事同分影像，是名所緣相。由此所緣，令心寂靜**」。

這就是前面講過的有分別影像、無分別影像。如觀佛像或明點，在意識上很清明；定是心定，不是身體靜止就算定。有些人坐在那裡，自得其樂的那個樣子，注意一看，就知道他是在自身感受上搞，哪裡是定？所以內外是一致的，身心輕靈，分別影像在意識一定，外表看起來很輕鬆，佛菩薩的慈悲喜捨相就出來了，這個裡頭很清楚的，是有分別的，懂得的人一看就知道了。像你們有些人，一副死相，臉上氣色暗淡，沒有生機；如果是有定境的人，那是定相，一望而知。你可以看他的所緣相，或止在一點上，或定在一個境界上，由此所緣，此心就定下來了。

「因緣相者，謂依奢摩他所熏習心，為令後時奢摩他定皆清淨故，修習瑜伽毗鉢舍那所有加行，是名因緣相」。

因靜定，因止然後起觀，就是「**依奢摩他**」，已經得止了，有分別影像所緣的境界清明了。「**所熏習心**」，那所緣的境界不是定，是因這個明點熏習心，習慣了，止住了，是收斂心的第一步。收斂此心，使它專一，心一境性，再熏習，定久了以後，再起觀。觀是正思惟，這境界很定，如果沒有定，你光用思惟，則變成推理、妄想了，就不是觀了。差別就在這裡，懂不懂？

不懂也算了，已經過去了，這是「**止相**」。

「**云何止時。謂心掉舉時，或恐掉舉時，是修止時。又依毗鉢舍那所熏習心，為諸尋思之所擾惱，及諸事業所擾惱時，是修止時**」。

當心太散亂、掉舉時，或恐怕心快要散亂了，就是修止的時候。譬如這個人很愛緊張，緊張就是心散亂了，心散亂的人就愛緊張。或者怕自己會起掉舉，這個時候須要多修止。「**又依毗鉢舍那所熏習心**」，由於修觀，學問好，因為理懂得了，思想越多了，就被思想擾亂，而不能得定。「**及諸事業所擾惱時**」，或者一個人因為他發心利世做事，被這些事業擾亂了，這個時候就要注意自己，要修止了，多修止，唯有修止，不要修觀了。

「**云何為觀。謂四行三門六事差別所緣觀行**」。

前面已經說明過，修觀要有影像才行，連這一點影像都沒有，那怎麼叫修觀呢？自己可以翻到前面對照一下。

「**云何觀相。謂有二種，一所緣相，二因緣相。所緣相者，謂毗鉢舍那品所知事同分影像，由此所緣，令慧觀察**」。

前面講到修觀的時候，關於「**毗鉢舍那品**」那一章，裡頭所告訴我們的「**同分影像**」，已經講過了，就是修這個同分影像，是在有分別影像、無分別影像之間。「**由此所緣，令慧觀察**」，智慧就會增長。

「**因緣相者，謂依毗鉢舍那所熏習心，為令後時，毗鉢舍那皆清淨故，修習內心奢摩他定所有加行**」。

修觀練習久了，工夫到了，將來任何時間要修觀都可以；雖然也在起心動念，但都清淨，此心是定的，永遠是清淨的。在觀中可以修定，同樣的，在定中也可以修觀，這叫觀相。凡夫研究佛學，很有學問，佛學思想算不算觀呢？也算觀；可是凡夫沒有止，沒有定，觀就變成妄想，因為沒有定相。所以《楞嚴經》叫它是乾慧，是乾的，沒有「定」水的滋潤，沒有定，就沒有用。所以真有學問又有智慧的，無所不通，無所不知，原因是他永遠在定中。所以慧越來越大，慧大了以後，他的定境也越來越大，定慧兩個就是這樣的。

「**云何觀時。謂心沉沒時，或恐沉沒時，是修觀時**」。

什麼時候要修觀？就是愛昏沉的時候，愛睡覺的時候。有人認為一被蒙頭萬事休，這就是道，道就道吧！慢慢變豬去吧！心昏沉時，或恐怕自己快要昏沉時，就要修觀。

「又依奢摩他所熏習心，先應於彼所知事境如實覺了，故於爾時，是修觀時」。

依你平常所修的定力，在定的境界裡，無一絲毫的事不知，此時就是修觀的時候。

修觀，我們主要的要知道，在心境太昏沉，精神太低落時，當然馬上要修觀。怎麼觀呢？觀不起來怎麼辦呢？譬如有時候因病昏沉了，發高燒，或感冒發炎了，如果住的地方沒有醫藥，那你應該作什麼觀把病去掉呢？這就要有本事了，否則佛法唯心造這個話就是騙人的，總要有辦法才行。因病而心沉沒，在醫藥發達的地方，全靠醫藥可把病治好。不過，那是靠物的因緣幫助你，不是心的因緣幫助你的，這就是一個問題。

如何舉　何時捨

「云何為舉。謂由隨取一種淨妙所緣境界，顯示勸導慶慰其心」。

心太沉沒了，趕快修舉，什麼叫舉呢？此處只講原則，沒有教你方法，要你自己用腦子去想。「由隨取一種淨妙所緣境界」，這就包括很多了，可以說是真善美的境界，在你太昏沉的情形下，如果你一向喜歡跳舞，你也可以觀跳舞呀！等到跳舞跳累了，你人雖坐在這裡，身上都會出汗的。那樣就差不多了，你就可以不跳，免觀跳舞了，又回到你主修的這個法門上，打坐去。舉這個例子是做比方啦，雖然講修行，實際上就是調心，八萬四千法門，不過是調心而已。如何使這個心調順，調到返本還源，調伏下來。

舉個例子，民國三十八年我在基隆，那是台灣的雨港，冬天一到，一下雨接連兩三個月，床上被褥都是發霉的，一股霉味；書本擺在書櫃裡，拿出來都翻不開了，都黏起來了。濕氣太重，人也容易昏沉，身心都感覺粗重了。像你們的身體也不靈敏，在那個境界，自己還不知道；我說你身體不好，你還辯說蠻好的，飯都吃三碗呀！那只不過是亂吃而已。

我那個時候在基隆，濕氣太重，就要想辦法，那個時代也沒有除濕機，就算有我也買不起。於是我就作火觀，想把濕水燒乾；但火觀觀不起來，等於一大塘水，你的火只有火柴棒一點點，沒有辦法去掉那麼多濕氣。後來去買個小電燈泡，懸在打坐的頭頂上方，自己就坐在電燈泡下面。電燈泡在衣櫃裡可以烤烤衣服，放在打坐的頭頂上方，我烤了七天，身體也變乾燥了些。這都是只要去想辦法，就可以解決的。你萬一到一個山洞裡去打坐，濕氣也很重，連電燈泡都沒有，我問你，那怎麼辦？要想辦法呀！不要愣住了，柴火都沒有的，那怎麼辦？這些都是方便，也就是舉，舉就是把心提起來。

「**云何舉相。謂由淨妙所緣境界，策勵其心，及彼隨順發勤精進**」。這文字都看懂了吧？用不著解釋了。

「**云何舉時。謂心沉下時，或恐沉下時，是修舉時**」。

要搞清楚，這是昏沉，或者是病，自己要檢查清楚。所以修行非常難，要有高度的智慧。現在說的都是原則，至於細小的地方，由你自己去想辦法。

「云何為捨。謂於所緣，心無染汙，心平等性，於止觀品調柔正直，任運轉性，及調柔心有堪能性，令心隨與任運作用」。

什麼是捨？隨時可以放下，隨時可以丟開，任運自在就是捨。內心對任何境界都任運而轉，說放下就放下，隨時放下，提得起，放得下；說要就要，說不要，馬上就丟，就是任運而轉。難！這是捨，是捨的原理。

「云何捨相。謂由所緣令心上捨，及於所緣不發所有太過精進」。做工夫太過用功時，會出毛病，這個時候也要捨，捨掉心中的念頭。過與不及都是毛病，太過分也不行的，掉舉是太過，昏沉是不及，這都是心不能調順。

「云何捨時。謂於奢摩他、毗鉢舍那品，所有掉舉心已解脫，是修捨時，如是名為應時加行」。

什麼時候修捨？在你修定、修觀的當中，掉舉、昏沉等等，已完全解脫，而任運自在時，就是修捨的時候了。捨也就是儒家所講的，「苟日新，日日新，又日新」，不斷的增進，也是捨心之一。這樣叫作「**應時加行**」。

「云何名為解了加行。謂於如是所說諸相，善取善了，善取了已，欲入定時，即便能入，欲住定時，即便能住，欲起定時，即便能起。或時棄捨諸三摩地所行影像，作意思惟諸不定地，所有本性，所緣境界，如是名為解了加行」。

理解到一切，理上都知道了，要切斷就切斷，這叫作「解了加行」。所謂一切境界「善取、善了」，該提起就提起，善取；該放下就放下，善了。工夫境界上附帶來的，該要就要，不該要的就不要。要做到要入定就入定，要住定就住定，要多久就可以多久，要起定也可以起定。把意識影像，作意思惟的境界，一切境界，隨時任運而轉，這叫作「解了加行」。

頭腦清醒的老年

「云何名為無厭足加行。謂於善法無有厭足，修斷無廢，於展轉上展轉勝處，多住希求，不唯獲得少小靜定，便於中路而生退屈，於餘所

作，常有進求，如是名為無厭足加行」。

修道做工夫，修功德，沒有滿足的時候，不要得少為足。「**修斷無廢**」，斷一切惡業，修一切善業，中途沒有廢棄。不要得了一點點好處，就以為自己了不起了。我經常說有些同學，「窮得富不得」，窮的時候蠻好的，剛剛有一點工夫上路，自己就覺得了不起，天上天下唯我獨尊了，我得道了。很多人都是這個毛病，這是小根小器，給他一點水，滴一下就滿了。就像那小草一樣，給它一點水還會發綠，水多一點，它就爛掉了，因為不是那個根器。

「**云何名為不捨軛加行。謂於一切所受學處，無穿無缺，雖見少年顏容端正可愛母邑，而不取相，不取隨好，於食平等，勤修覺悟，少事少業，少諸散亂，於久所作，久所說等，能自隨憶，令他隨憶，如是等法，說名不捨軛加行**」。

修行，始終要給自己一點苦吃，「**軛**」好像背上揹一個刑具一樣。第一是對男女色的愛好不取，能夠遠離情愛欲。第二「**於食平等**」，不貪吃，心起平等，任何東西不貪，只當作醫藥吃，來維持這個生命。要知時知量，不要因為持戒功德而過午不食，結果雖然晚上不吃，早上、中午拚命的吃，吃得比人家三餐之量還多，這就不平等了。第三「**勤修覺悟**」，永遠保持腦子清醒，不失念，不昏沉。如果對任何一事一物容易忘記，就是無明；無記也就是失念。

善、惡、無記三業是同等的，修行只有增上善業，要去掉惡業，更要去掉無記。無記就是失念，如記憶力差了，總是在昏沉中。儘管人是聰明的，頭腦很好，實際上在昏沉；業力的昏沉，比普通的昏沉還要可怕，所以要修覺悟。佛者覺也，那個頭腦永遠是清醒的，反應永遠是靈敏的。如果反應遲鈍，講一句話考慮半天，也搞不清楚，這就是問題了。所以要在這些地方檢查自己，你不是認為自己聰明嗎？但是都告訴你了，也都講解給你聽了，你卻不懂，所以要「**勤修覺悟**」才行。

一切外緣減少，「**少事少業**」，自然就減少散亂，能夠把以前所做的事，所說的話，一注意就記起來了，所以能得宿命通。

昨天下午一位老朋友來，他說：佛法說的真不錯呀！這位老朋友前幾天不舒服，到台大醫院住院，他兒子媳婦抱孫子到醫院去看爺爺。這個孫子兩歲四個月，到了台大醫院說：「這個地方我來過」。他媽媽說：「你是在這裡出生的呀」，他說「不是，我是在這裡死的」。老朋友說：真有前世呀！不只如此，這孩子記憶力很強，他在一歲多時，有次民族晚報送來了，這個小孩子就說：「這是民族晚報」。他本來是託他外婆帶，有一次外婆有事，就把他帶回來給他爺爺看顧一下。他家是在小巷子裡，他外公、外婆都不大認得路，他一歲多就認得自己家的路，帶外公、外婆到他家裡來。看！多怪的事，所以這位老朋友就問我，真有入胎、出胎不迷的人嗎？我說：是有這樣的人，所以這個就是了。

人老就進入昏沉，有時甚至是大昏沉的境界，愈老頭腦愈昏沉，所以真修行的人，頭腦是愈來愈清醒的；拿心理學來講，就是腦力愈來愈強愈清楚。「**如是等法，說名不捨軛加行**」，這就是孟子說的一句話，修行是「必有事焉」，要管理此心，照顧此心此念，有一點放逸都不行。

「**由此諸法，能正隨順心一境性，不捨其軛，令心不散，不令其心**

馳流外境，不令其心內不調柔，如是名為不捨軛加行」。

要隨時反照自己，心一境性，心才得定，心住在一個境界，自己要修某一種境界，就定在某一種境界上，心不散亂，心不馳流外境。而我們呢？外境逗你一下，你心就動了，心應該不依他起，不隨外境流走，這是對外；對內「**不令其心內不調柔**」。我們這裡有些人，一天都很規矩，外境引不動他，但是問問自己看，心裡頭平安嗎？心裡的貪瞋癡慢疑都有，又生氣，又恨自己的，看別人又討厭，內心毛病多得很，心裡煩得要死，內心不能調柔。所以，除了不馳流外境以外，對內還要內柔軟，「**如是名為不捨軛加行**」。

清除障礙的加行

「**云何名正加行。謂於所緣數起勝解，是名正加行**」。

起心動念處，自己隨時觀照清楚，都是善念，並且隨時能夠空得掉，放得下，就是「**正加行**」。

「如有勤修不淨觀者，數正除遣於諸不淨，作意思惟諸不淨相，由隨相行毗鉢舍那而起作意，於所緣境，數數除遣，數數現前」。

勤修不淨觀的人，像你們吧！昨天去醫學院看人體解剖，回來還能吃得下飯，這並不是說你不能修不淨觀，你想想看，那個死人擺在你前面，當時你心裡感受怎麼樣？現在的感受又怎麼樣？想一下吧！（有同學回答：感受不大一樣），只是不大一樣嗎？所以你們並沒有作不淨觀嘛！去看了人體的解剖，並不曉得要作不淨觀。你想想看，如果那死人現在睡在你的床上，與你一起睡，你感受怎麼樣？再回轉來想，自己現在變成那個死人，那又怎麼樣？像我現在這個老師，就變成昨天你們看到的那個死人，那你感受又怎麼樣？老師像臘肉一樣的坐在這裡，老師還會可愛嗎？你用不淨觀把它觀起來，然後自己也變成那個死人，那才叫不淨觀呀！你們以為去看一下解剖，就是不淨嗎？所以你們看了也沒有用，修行道理都不懂。

不淨觀真修起來的時候，你會萬念皆空，自己就像那個被解剖的死人一樣，被醫生剖開了，裡面之髒啊，相當難過，對不對？我都看得很清楚的，像我有病的時候，我一動念，一想，我已變成那個死人，什麼都不管了。所以為什麼你們不淨觀觀不起來？看了死人也沒有用，不淨觀還是觀不起來。換句話說，活佛坐在這裡，你們親眼見到也沒有用，不會成功的。這是同樣的道理，知道嗎？即使你親眼見到活佛，或者活佛就躺在你旁邊，對你也沒有用，得不到好處的，因為你心意識沒有作意起觀行，所以沒有用，這個意思懂吧？

經常修不淨觀的人，「**數正除遣於諸不淨，作意思惟諸不淨相**」，五徧行的作意，你要作意觀起來，作意起諸不淨相，由於不淨觀現前了，我本身就是那個死人，又爛又髒又臭的那個樣子。「**由隨相行**」，由這個觀起來的隨相，然後起慧觀，知道那是因緣所生。所以有人對我好也好，世界上的事情有也好，沒有也好，反對我的也好，不好也好，一下都變成毗鉢舍那，就到了止。「**於所緣境，數數除遣，數數現前**」，對於一切外緣瑣事都放下了，觀起來的不淨觀也把它空掉了。然後觀白骨，最後白骨也化空了，空了以後空境就現前了，就住在空境上，這才叫修不淨觀。我如果不講，你們就不會多想一下，多去研究一下嗎？以為看了一下死人就叫作不淨觀了。你們剛剛答覆我的意思就是這樣，對不對？

「其正除遣，復有五種，一內攝其心故，二不念作意故，三於餘作意故，四對治作意故，五無相界作意故。當知此中由九相心住毗鉢舍那而為上首故，名內攝其心」。

修止修觀的情形，以這九種為大原則，《瑜伽師地論》很科學的，如果畫一個表格，就看出它分析的精詳，把原則、理論、方法，都告訴你了。所以在修持上，講到唯識時，先要把這部一百卷的論研究好，再來研究其他的唯識經論。這時你再看〈八識規矩頌〉《成唯識論》等等，一看就明白了。《瑜伽師地論》是唯識學裡的根本大論，不先看它，學什麼唯識呀？

「由於最初背一切相，無亂安住故，名不念作意。由緣餘定地境，思惟餘定地故，名於餘作意。由思惟不淨對治於淨，乃至思惟阿那波那念對治尋思，思惟虛空界對治諸色故，名對治作意」。

為什麼修不淨觀呢？因為要把心中一切雜念去除淨盡，而進入清淨境界。不淨觀做到了，心的雜念不起了，意識清淨了，走入淨土境界，修不淨觀就是「對治於淨」。

下面翻看第七百九十五頁。

「云何淨障。謂即如是正修加行諸瑜伽師，由四因緣能令其心淨除諸障。何等為四。一遍知自性故，二遍知因緣故，三遍知過患故，四修習對治故。云何遍知諸障自性。謂能遍知障有四種，一怯弱障，二蓋覆障，三尋思障，四自舉障。怯弱障者，謂於出離及於遠離勤修行時，所有染汙思慕不樂希望憂惱。蓋覆障者，謂貪欲等五蓋。尋思障者，謂欲尋思等染汙尋思」。

達賴六世有一首情歌：

曾慮多情損梵行　入山又恐別傾城
世間安得雙全法　不負如來不負卿

「曾慮多情損梵行」，他怕男女之間太多情了，會妨礙修行，就決心入山去修行。「入山又恐別傾城」，入山去修道，又怕對不起情人，那怎麼辦呢？「世間安得雙全法，不負如來不負卿」，世上沒有什麼雙全的辦法。人都是這個毛病，世上的人修道，功名富貴也要，也要發財，也要成道，都是如此。這就是「**尋思障**」，是「**染汙尋思**」，各種思想上的障礙停不了。「**淨障**」就是清除心中的各種障礙。

「**自舉障者，謂於少分下劣智見，安隱住中，而自高舉，謂我能得，餘則不爾，乃至廣說，如前應知，是名遍知諸障自性**」。

有人把自己抬舉得很高，有一點學問，有一點工夫，有一點境界，就得少為足，以為就是道了，以為自己已經明心見性了。剛剛打坐發現一點光明，嘿！以為這個就是自性光明；等到害病痛苦的時候，這一點點光明又黑暗了，那不就是自性黑暗了嗎！其實那是生理上的變化，不是自性的光明啊！所以有些人到了這個地步，認為能夠放光了，已經成佛了，那是不折不扣的病態。

有一個人寫信給我，說打坐一身發煖，冬天只穿一件衣服。有人把一件皮夾克放在那裡，他在皮夾克上坐了一個鐘頭，結果把皮夾克烤焦了。他問：老師！這個是不是得煖？我說：這個是得了烤焦，不是得煖，煖不是這樣的。如果這是得煖，像我們這麼一大堂人，如果都得煖了，那台北消防隊就要來了。煖是身煖，不是發燒呀！也不是把東西烤焦啊！心煖是心裡有快樂，常樂我淨，這才叫得煖。得煖以後，第二步得頂，得頂並不是頭頂倒過來走路的，也不是頭頂長得好高。

二三十年前有一個修道人，修道家工夫的，他是監察委員，每年除夕閉關，到年初七才出來。他打坐是坐在床上，慢慢他浮起來，頭頂頂到了屋頂，坐在空中。不過，那並不是得頂呀！況且還沒有人真看到，而一傳十，十傳百。但你一問之下，都是聽人家說的，世間的事都是這樣。所以人不要得少為足，得一點點，以為自己得道了，然後只有我能，你們都做不到。這些都是修道的障礙。

「云何遍知諸障因緣。謂能遍知初怯弱障有六因緣，一由先業增上

力故，或由疾病所擾惱故，其身羸劣」。

內向、膽子小、智慧不夠，注意！這些都是修道的障礙，是「**怯弱障**」，有六個因緣。第一是前生少修福報，少修功德，先業的種子帶來，前生前世業力增上力故，所以這一生多病。人肯多布施醫藥，他生來世會得健康長壽無病的果報。這一生你招呼一下病人，替人拿一點藥都不幹，他生來世算不定就又弱又多病，病了又缺乏人照顧，甚至沒有人理你。所以因緣果報經典好好看一下，這一生多布施錢財的，他生都是富有；這一生多做法布施，法寶多流通，他生法緣特別好。

像我這一生法緣特別好，不管哪個善知識看到我，都拉住我，要把法傳給我。我說：我不修這個呀！「你修也好，不修也好，我就是把這個法傳給你，你不修，就找人流通吧」。我一生是善知識找我的較多；我也訪問過善知識的，因為真善知識有的不會來找的。我想一定是我前生對法不慳吝的結果，所以我對於法一向沒有祕密，祕密我都公開了。原因第一，古人留下來的這個心血，在我手裡把它斷絕了，就對不起那位作者，傳法的人。第二，道是天下之公道，大家都要知道。可是一般人不是如此，我還有個學生，拿到一本好書，然後說不要給老師看見，從此我不准他來了。這不是對老師的問題，知道嗎？是他這一種心性的問題。多布施醫藥，多救人病苦，他生來世就健康。前生好事都不做，病人也不照應，所以這一生多病多惱，身體一天到晚都是病，「百年三萬六千日，不在愁中即病中」，這是修道的第一障。

「**二太過加行，三不修加行，四初修加行，五煩惱熾盛，六於遠離猶未串習。遍知蓋覆、尋思、自舉障因緣者，謂於隨順蓋覆、尋思，及自舉障處所法中，非理作意，多分串習，是名蓋覆、尋思、自舉障之因緣**」。

為什麼這五蓋把你蓋住，而不能成道呢？你們用世間法的心思太多，用在佛法中的串習力太少，所以有尋思障，還有其他等等障礙的因緣。這一段你們應該看得懂，不要浪費時間，自己多看幾道就懂了，我們抓要緊的講。

三十二卷又是教我們白骨觀、不淨觀的。你看《瑜伽師地論》反覆的提到這個觀行，所以我勸你們修，你們還不吃這一套，就因為這個原因，彌勒菩薩和諸佛菩薩，才再三的提到這個觀行。現在這一段我一直唸過去，唸到重要的就特別提出來；而且唸到你們不懂的，你就要問，不問就唸過去了。

「本地分中聲聞地，第三瑜伽處之三」，第八百零五頁。

貪心重應修不淨觀

「云何初修業者始修業時，於修作意，如應安立」。開始修行怎麼修？怎麼開始作意？動第一個念的方法，要如何作意？

「隨所安立正修行，時最初觸證，於斷喜樂，心一境性」。「觸證」是感觸，身體上的感受，也就是求得效果。

「謂善通達修瑜伽師，最初於彼，依瑜伽行，初修業者，如是教誨。善來賢首，汝等今者，應依三種取相因緣，或見或聞，或心比度，增上分別，取五種相。一厭離相，二欣樂相，三過患相，四光明相，五了別事相」。

一位高明的善知識，知道如何教人；關於教人，你們要學了，尤其出家的同學。這都是教育法，自己自修或教育別人的方法，也告訴你了。一個善知識教化初學的人，要依「**三種取相因緣**」，就是說，或者自己看見的，或聽別人講，或心裡推理思想，來推測。「**增上分別**」，不是不用分別，你還沒有成就當然就要分別。「**取五種相**」，第一要先告訴人，對世間法要厭離等等五種相。

「**問：若依瑜伽行，初修業者，是其貪行，由不淨觀方可調伏。云何教彼取五種相**」。假定有人問，初修善業，修道，自己貪心重，貪修道也是貪。調伏貪欲之心要修不淨觀，為什麼讓他取五種相的境界呢？

「**答：應如是教誨，善來賢首，汝等隨所依止彼彼聚落村邑而住於中，若聞所餘彼彼村邑聚落，或男或女，先受安樂，後遭苦厄，或彼男女，自遭重病，命終殞歿……**」。希望你們自己能仔細的看下去，我們現抽一位同學來問問看，這一段重點在說什麼。（一位同學講了大概）

由世間多苦少樂，樂易失難得，苦空，無常，無主，不自在等等世間之苦相，生起厭離心，叫我們觀察這個社會，觀察這個人生，這種種苦，刀兵、瘟疫、疾病、死亡，一切都是自己所有的。

「**即汝自身先所觸證，猛利樂受，後還退失**」。

「觸證」就是現在人講的享受，看社會上一切享受，很快就過去了，包括壽命，這個文字就是這樣，叫我們發起厭離心。

這一段必須要看下去，一連好幾頁，之後又轉到做工夫。這都是講有關真修實證工夫的。

第十六講

由現在起大部分都是唸過去，很懇切的希望大家自己能夠看。我想一個真正研究佛學、佛法的人，這些觀念都會知道的。現在只是唸一遍，提起注意。這些不是佛學，不是講思想學問的，是要拿自己身心方面來求證的，所以這些理論要非常注意。我們一般學佛的人，最嚴重的問題，就是把它當邏輯思想學問看過去了，用不到身心上來，所以問題都出在這裡。現在唸過去，跳過去，並不是說這些不重要；換句話說是更重要，希望大家特別注意，都是非常非常重要的。

現在從三十二卷八百一十六頁開始，講到不淨觀，先由不淨觀等等修起，這些都是要真修實證的工夫。

不淨觀的竅門　白骨燒化吹散

「復令其心於內寂靜，如是名為於外身中修循身觀，依他外身而發起故。後復應於自身內外諸不淨物，善取其相，令心明了」。

不淨觀、白骨觀，是先看外境，依他人的不淨而起觀，再回到自己的身上來。開始修都是著相的。

「又於他身內外不淨，善取其相，令心明了，於自所愛，汝當發起如是勝解」。

他身就是指外面的，就是你所愛的人，兒女、夫婦、兄弟、父母等等。

「復於死已，出送塚間，至塚間已，棄之在地，棄在地已，至青瘀位，至膿爛位，廣說乃至骨鎖位，發起勝解。數數發起此勝解已，復令其心於內寂靜。如是名為於內外身修循身觀，依自他身，若內若外而發起故」。

你們那天看了解剖回來，大家心裡都涼了半截，雖然還吃得下飯，那個味道已經不同了。等於幾十年前，碰到一個德國人來跟我談，他說：他到中國一年，就想寫一本關於中國的書，他認為自己已經懂了中國。後來我告訴他，你多住一年，看清楚一點再寫吧。他住了兩年以後又說：哎呀！不行，我還要住一年。三年以後他說還是不行，中國不容易了解。他就跟我談另外一個問題，他說中國文化很偉大，哲學、宗教都很偉大，外國人認為中國沒有宗教是錯誤的。但其中有一點我不懂，中國人為什麼怕鬼？人死了變鬼，還不是像人一樣的嗎！鬼有什麼可怕呢？聽起來好像外國人不怕鬼。

後來我就說：你這個問題很難講，我問你，你在夜裡獨自到墳上去，那個時候沒有月亮，天又黑，淒風苦雨的，那是個什麼味道？他說：哦！那個很可怕，很難受。我說中國人怕鬼就是怕那個狀況。他說：這樣啊！那是一樣的嘛！我說：你有鼻子，我們也有鼻子呀！人就是人，那個心理是一樣的。所以與外國人講話很困難，往往把自己的文化介紹錯了。

同樣的道理，你們那天看了解剖，雖然飯是吃得下，但心情不同了，保持住這個心情，還沒有達到完全寂靜。所以看了外界，明白了一切外界，內心要達到寂靜，保持那個寂靜的心境，「**如是名為於內外身修循身觀**」，詳細講太細了。

由於看見別人死了，或者自己生病住醫院，看到隔壁床上的病人，白床單一蓋推了出去，你是什麼心情？那個叫作「兔死狐悲」，想到下一個算不定就是自己了。於是依自己，或依他身，從內到外發起了觀。

「**汝復應於四無色蘊，由聞思增上力分別取相，於其三分發起勝解，一於奢摩他品，二於無散亂品，三於毗鉢舍那品**」。

這完全是講修持，要照次序來修，是科學性的。當然如果你是上根利器，一下子就跳過去幾步，那是另外一件事，否則都要走漸修法門這條路，由不淨觀、白骨觀，把人生了解清楚。這個不是普通的了解，硬是都觀察清楚了，之後才可能得止。譬如你們打坐，偶然得了一點點清淨，但不坐就沒有了；或者雖不下座，一下也就沒有了，隨時散亂，這是理不透之故，所以不能得止。

「**於奢摩他品者：謂若汝心於內略時，起無相無分別寂靜想行，及**

無作用，無思慕，無躁動，離諸煩惱，寂滅樂想行。於所緣境，無亂受等四無色蘊，剎那剎那展轉各異」。

這一段一直到下欄，我現在告訴大家，我不想唸下去，你們可以看得懂。但是你們不要認為這些理很好懂，所以跳過去不唸了；真正修持的人，就在這容易懂的理上，回到自己身心上，在身上、心內，好好去體會一番。假定有人一邊看幾行，一邊把這個道理回轉到自己身心內外去體會，這樣看經就對了，佛經就不是白看，你這個工夫、功用、修證，馬上就會有進步了。

可惜一般人看佛經，看的是紙，看完了，理是理，經是經，我是我，所以不相干。這個話很容易聽懂，但很難做到。你們也有讀過佛學院的，也看過佛經，如果佛學學得不上身，那是沒有用的。所以煩惱妄想習氣一樣大，轉動不了，這個道理要注意。現在講與我們修持有關係的。

下面看八百二十五頁。

「次復發起火燒勝解，謂此身分無量無邊品類差別」。

這個地方是講真工夫了。這是說，白骨觀還沒有觀好，觀起來的影像沒有觀完全。你只要有一點觀起來，馬上做火化的觀，把自己這個白骨火化了，這樣你感受又不同了。所以大家理不通，然後智慧又不太高明，再不然就說還沒有問過老師，所以該做的都沒有做。如果碰不到我呢？你要燒就燒燒看嘛！反正是觀想的，也不會燒掉你。可是大家對這個東西小心得很，還當珍珠寶貝那麼留著。

「**為大火聚，無量無邊品類燒燼，火既滅已，復起餘骨餘灰勝解，復起無量無邊勝解，碎此骨灰以為細末。復起無量大風勝解，飄散此末，遍諸方維**」。

這就是要你一步一步來觀想，白骨自己化掉，變成灰，灰被大風吹散了，而且不是電風扇那個風，是整個宇宙起了大風輪。

「**既飄散已，不復觀見所飄骨灰，及能飄風，唯觀有餘渺茫空界，如是由其勝解作意**」。

風也靜了，骨灰也散光了，身體也空了，住在一個空的境界上。觀想真達到這個程度時，身體感覺沒有了，只是一片空，這個都是實際的工夫。但是這個是你作意出來的，是你觀想出來的，這個叫作「**勝解作意**」，是自己作得了主的，要空就空，要有就有。如果作不了主，那就不對了，那屬於精神病狀態。

「依於內外不淨加行，入界差別，於其身相住循身觀，從是趣入真實作意」。

這是又進一步了，內就是自己，外就是外境。再回轉來，由定的境界一念又起，跟著身相走，是「**界差別**」。後世道家密宗的修氣修脈，就是這樣來的，這是「**循身觀**」。這不是勝解作意，是比較世俗的真實。是什麼意思呢？就是身體坐在這裡有感覺，腿發麻發脹是很真實的。所以你腿發麻就作白骨觀，你把它一化，就不麻了；甚至你作意的力量，使這兩個腿還會發樂呢。那是舒服之感，那個舒服是樂得很哦！不過，這還沒有到達內觸妙樂的境界，可是已經發起了樂，所以不會想把腿放下來，坐多久都可以，都定得下去。那麼現在回轉來，藉由這個勝解趣入真實作意。

四大的轉化

「謂由如是勝解作意，於內外身住循身觀，由勝解力，我此所作無量無邊，水界、火界、地界、風界、虛空界相」。

由這個勝解作意，把四大觀再重新觀過。像昨天住在美國那位老太太的報告，她自己工夫已經到達這裡，與經典都相符，已經問到《楞嚴經》的重點。《楞嚴經》是講原則，「性火真空，性空真火」，盡虛空，遍法界，循業發現，沒有方位，無所不在。你說現在這個虛空裡頭，我們手這麼一動，這裡頭有沒有火啊？有電，對不對？摩擦就有電，電就在這個地方，空中就會燃燒，連你的手都會燒掉。

所謂「空不異色」，這虛空是物理世界有相的虛空哦！我們現在手在虛空中動，這個有相的虛空，不是佛所說那個畢竟空的空，而是理念上的虛空，這個虛空是有相的。「空不異色」，這個有相空裡頭有地水火風四大。像我們這個房子，這個牆壁，這個骨頭，這些都是實在的嗎？都是空的。這些東西如果燒掉了，或者被水漂走，或者被風吹散，一樣歸於虛空。虛空還是個相哦！我們現在看到的仍是有形的虛空，還是一個物理的東西。所以要修止，必須把地水火風空這個色身，硬是把它轉化了。這一段是講原理，至於實際的方法，要你們自己去研究，去參，再不然去找明師指點。

這裡由勝解力，講到地水火風空五大，《楞嚴經》講到七大，地、水、火、風、空、覺、識七大。現在我們看看，他教我們如何去觀。

「**我從無始生死流轉，所經諸界無量無邊，甚過於此**」。

這是個信念問題，所以佛法基礎建立在三世因果，六道輪迴。你要曉得，我們這個生命在輪迴中，不知生生死死已經過多少次了。

「**謂由父母兄弟姊妹眷屬喪亡，及由親友財寶祿位離散失壞，悲泣雨淚，又飲母乳**」。

我們多生多劫，吃媽媽的奶水不曉得多少次；乃至變狗的時候，吃母狗的奶等等。

「**又由作賊，擁逼劫掠，穿牆解結，由是因緣，遭無量度截手刖足，**

斬頭劓鼻，種種解割身諸支節，由是因緣，血流無量，如是所有淚乳血攝水界水聚，四大海水皆悉盈滿，於百分中不及其一，廣說如前」。

佛經上說，我們多生累劫以來生生死死，把自己所流的血聚攏來，比四大海水還要多。我們無始以來的生命，累積起來算，是一個連電腦都算不清的帳，四大海水又算得了什麼。

「又於諸有，諸趣死生，經無量火焚燒屍骸，如是火聚亦無比況」。

這是說，我們生生死死，使用這個物質，地水火風，不曉得用了多少。這一段叫我們要做實際的觀察，在禪定，靜定的境界中，把對自己身體內的觀察，同這個理論思想配合起來，把它觀空。

先修風大觀

現在看八百廿六頁第五行。

「又於阿那波那念正加行中初修業者，先於舍宅前後窗門，或打鐵師，或鍛金銀師，喉筒橐袋，或外風聚入出往來，善取相已」。

這是講修定，初修的人先修風大觀，就是數息觀開始，聽呼吸。要我們怎麼做呢？修加行。我們對自己呼吸往來，只聽到聲音，裡頭有沒有風你也不知道，所以叫你們先觀外界，看看打鐵的風箱。我們年輕的時候，站在打鐵店門口，看打鐵師傅拉那個風箱，噓……噗，噓……噗，那個東西你們看過沒有？鄉下長大的看過，城裡長大的再也看不到了。空氣在風箱裡頭吹，他說你先看這個風的作用；就像人體呼吸是在身體內部，氣的進出，主要靠鼻子，呼！呼！才把生命維持住，所以先叫我們看風箱的作用。「**或外風聚入出往來，善取相已**」，這個時候要你執著，你可以著相，把風大這個相，風箱的機械作用看清楚，才曉得自己身體內部氣的往來，也是這個樣子。

「由緣於內入出息念，於入出息而起勝解」。

這個風一來一往，從我們鼻子進來出去，中間並無停留之處，因為是空的嘛！「**起勝解**」就是要這樣了解。

「彼復先於微細息風經心胸處，麤穴往來而起勝解」。

打坐的時候，我們呼吸經過整個肺部，鼻子的粗的洞穴，呼吸的時候，聽這個呼吸。所以道家密宗修氣脈的時候，都要先把這個道理了解清楚。

「然後漸漸於眾多風而起勝解，所謂乃至一切毛孔風皆隨入而起勝解，如是所有一切身分」。

進一步，你慢慢拿身體來求證，曉得有時候呼吸調順了，好像不呼不吸了，然後曉得把鼻子呼吸自然停一下，是你故意作意把呼吸停住一下。呼吸如果停住一秒鐘，你那個妄念等於一秒鐘沒有，妄念的加油站是通過氣，初步是如此，不是究竟。所以你把呼吸停住，不呼不吸，思想就跳動得比較慢了，好像大的妄念不起了。然後就曉得妄念與呼吸之氣，有這樣大的關係。等到你呼吸能夠息止，清淨下來，慢慢就能夠體會身體毛孔本身就在呼吸，九竅也都在呼吸。九個竅，頭部七個，下面兩個，前後陰都在呼吸，這是大的穴竅在呼吸，沒有一個地方不呼吸往來，除非有病。

本論說得很清楚，你如果看這部經論，回轉過來在自己身體上一做工夫，你才知道諸佛菩薩，把如何修持的工夫都告訴你了，你才慢慢體會。當然普通人修持到這一步，已經不得了了，你們如果能夠達到這一步，就會表演氣功了，身體也會發光了；至於皮膚、臉上、身上都是光，潤滑又細嫩，那是不成問題的。所以要從身體內部慢慢反觀，完全要你用著相法門去修。密宗把這一套傳出來，就是傳法，道家也是，像現在，我在傳這個法門，你們每人都要拿紅包給我了。（一笑）

所以你從身內觀了以後，所有一切身上各部分，每個骨節，每個地方，假如你做呼吸觀的工夫，工夫到了這個程度，「**一切身分**」，身上哪個地方有風濕，哪個地方氣脈不通，哪個地方有毛病，或胃不通，或感冒了，你立刻就覺察到了。因為出毛病的地方，它的氣就通不過了，所以呼吸法門修到了這一步，工夫已經不錯了。這是講工夫，見道還談不上。

修氣　修神通

「風聚所隨，風聚所攝，風聚藏隱，無量風聚於中積集」。

文章看來很嚕嗦，都是講實際的工夫，要實際去體會。「風聚所隨」，你氣到那裡，血液感覺的力量就會到達那裡；「風聚所攝」，氣到那裡，可以吸引氣住在那裡。所以有時候氣功練得好，譬如練太極拳、內功拳、少林拳也一樣，把手按在河水上，河水表面馬上顯一個坑印，手提起來，水會跟著手心上來，什麼道理呢？就是「風聚所攝」。當風要通過進來的時候，你站在風口的話，你就完了。

譬如新疆烏魯木齊，我們曉得中國的地理，有個風口在那裡，等於是地球的呼吸通道之一。每年清明節前後，地球要呼吸一次，住在那邊的人都曉得，那裡有一個風洞。什麼人去過呢？清朝的紀曉嵐，他曾被流放到那裡，他親自記錄的。地球要呼吸了，所謂「大塊噫氣」，地球是活的，它在呼吸。地球先呼氣，再吸氣。那股氣一出來，不管人、馬、駱駝，都被這股氣吹跑了。

吹到哪裡去呢？向西北方吹去，吹向蘇聯北方，北極那個地方去了。等到相當時間之後，才吸氣回轉來，這時又聽到那個風旋聲。

我問過一個蒙古喇嘛，他曾作章嘉活佛的侍者，我說：這是真的嗎？他說：當然是真的，還不僅呼吸，蒙古的湖泊還會搬家呢！他說像台灣的青草湖、日月潭這樣大的湖，搬家的時候，那個湖水就立起來，變成一個冰磚一樣，魚啊，蝦啊，都在裡頭。那個湖，連那個坑洞都在滾動，一路滾，咚！咚！滾到某一個坑窪地方，又成湖水了，魚啊，蝦啊，都在裡頭。我說你不是說笑話吧？他說：是真的，湖從那個地方滾過來，魚蝦掉在沙漠裡，我們還撿來吃。所以海上有海上的風光，沙漠有沙漠的風光，天地間，物理世界的事，我們所知道的太少了。

現在是講「**風聚所攝**」，風氣修到了極點，一個人可以隱身的。大修行人，心風得自在者，就有這個境界，坐在那裡，你當面也看不見他，你看到是空的，他把自己收攝了，這一切都是唯心所造，是心的功能。「**風聚藏隱**」，氣脈修好，就能夠隱身了，無量的風聚集在一念，就是這個氣；氣等於是電的能量，並不是呼吸的氣，呼吸之氣是粗的；氣到了最後，不呼不吸了，那就是電能，因為風通火的力量。我們這個身體內外，有無量無數的氣的功能，在我們生命裡起作用，就是「**無量風聚於中積集**」的原故。「**中**」不是身體之中，是心念中心。

「**如妬羅棉，或疊絮等，諸輕飄物，於是諸想而起勝解**」。「**妬羅棉**」是植物，像棉花一類，絮就是柳絮一樣。他說氣在身體內部是這樣柔軟，所以打坐坐得好的人可以返老還童，比較年輕，相貌會轉得清淨光明，都是風氣隨心聚散的作用。後來密宗、道家專門注重練氣，就是這個道理。氣在生命裡聚集，很輕靈，飄浮的這些現象；「**勝解**」是你理解到了，理論到了，如果事實也到了，就是證到這個工夫了。

修這個工夫，也證到了這個工夫，並不是菩提，這還只是講物理四大與心風自在的功用。有的阿羅漢，一得定就有神通了；雙腿盤坐，心氣合一，意念一動，盤著腿就移到另一個位子去了，不必起來走路。下面還有一套工夫，教你修神通的，只是你們自己看不懂。所以大家想修得神通，那是要做工夫來的呀！要有定力呀！由打坐開始，你那個腿都不通，還想修神通嗎？

「彼若於內入息出息，流轉不絕，作意思惟，爾時名為於其內身住循身觀」。

在你作風觀、修氣、修安那般那的時候，一出一入的呼吸氣「**流轉不絕**」。在沒有完全停掉時，「**作意思惟**」，這時你觀想也好，修定也好，工夫還是初步，這個叫作「**於其內身住循身觀**」。這時的氣，還是跟著身體經脈在走。

「若復於他死屍骸中，青瘀等位，入息出息流轉斷絕，作意思惟，爾時名為於其外身住循身觀」。

如果人死了，那股氣就沒有了，因為死人身體內的風散了，沒有風他就死亡了。所以為什麼說年紀大了血壓高，肩膀端起來，兩條腿重了，因為氣達不到那一部分了。氣不到，沒有氣，沒有電能，氣通不過了，就是衰老的現象。你們現在年紀輕輕，眼睛近視，換句話說，你的眼睛有些神經地方，已經沒得風了，氣已經到不了了。如果工夫做好了，氣脈通了，那些不通氣的眼部神經又有氣了，視力就恢復了；耳朵也一樣，都是這股氣。假如我不給你們講明白，你們看這些經典，一定看不懂的。

這中間又有一個道理，這是學理，其實也都是講事實。因為你們每一樣工夫都沒有求證過，所以我經常講，你們學佛是白學的，不只是在這裡白學，在過去也是白學，將來是不是白學，不知道。至少到今天為止，也算是在佛學院吧！我非常感慨，因為你們學了都用不到身心上來。等於到了飯店門口，看了半天，人家在吃好菜，你吃不到；菜譜也買來，也知道怎麼做，可是你吃不到。（師拿起大藏經本，指著它說）這個都是食譜，依它做起來，吃進去，到身心上來才是工夫，才是求證。

前面講的工夫，一是在身內，現在是指死人，這個叫「**於其外身住循身觀**」。

修風修呼吸　躲過了死亡

「**若復於自臨欲死時，而起勝解，或於已死，入息出息無有流轉，而起勝解，或於未死，入息出息無有流轉，而起勝解。由法爾故，爾時名為於內外身住循身觀**」。

彌勒菩薩還是留了一手，他老人家即使親自坐在這裡，我也會說，「你還是留了一手」，這個裡頭都是密法。進一步說，「**自臨欲死**」，或「**已死**」，已經死了的人，觀察他入氣、出氣流轉的情形，他身上當然沒有氣了；不過在將死的時候，他那餘息還沒有斷，身體還有一點煖的地方仍有一點氣，等到完全冷卻就是死了，「**無有流轉，而起勝解**」，這裡頭的祕密就在這裡。「**或於未死**」，或在剛要死的時候，「**入息出息無有流轉**」，好像自己快要斷氣的時候，「**而起勝解**」。這個裡頭有一個祕密，生命可以保持，就在於平常的修持，密法裡就有方法，在一個時辰中（兩個鐘頭），硬把氣定住，不讓它失散，因為氣一散就完了。

躲過這一個時辰，生命可以轉活回來，當然這是要有方法的，所以平常要修持，要有定力，要有工夫。如果沒有練過這個工夫，而平常參禪、念佛，那個念力特別強的時候，也是可以把它調回來。可是這一定，起碼要一個時辰，過了該死亡的時辰，閻王拿你也沒辦法，天地拿你也沒辦法，這個裡頭就是所謂的密法了。所以古今不傳之祕在這裡，叫天生之機，等於說與宇宙抗拒，把生命搶回來。如果大徹大悟了，「**由法爾故**」，了解天然如此，「**於內外身住循身觀**」就是這個意思。

「**遍於一切正加行中，應修如是上品助伴，上品所攝，無倒加行，所餘一切，如前應知**」。

注意這個話，所以這些工夫，都屬於修行的正加行。你說不懂加行，那你學佛有什麼用？「般若空」，怎麼空得了？「有」，怎麼有得起來？這就是加行。你們凡是修行的，不管出家在家，真正修行應該修這些上品助伴的加行法門，使你得定，幫助你，使你悟道。沒有這些加行，沒有加過工，還是不行。「**無倒加行**」就是正道，不是顛倒的。至於練氣功，那是修氣分化出來的，走的是偏路，對色身有助，與心地法門不同。偏路不算正路，但也有好處，只是走了冤枉路，走了顛倒路。

「**如是所有初修業者，蒙正教誨，修正行時，安住熾然，正知具念，調伏一切世間貪憂**」。

這裡說，修風、修氣、修呼吸，是很重要的，因為人體是以根本依的氣為命根，先要把氣質變化。所以初修的人，得到善知識的正教誨，不是歪教誨，走的是正路，減少了很多冤枉路，是真正修行。「**安住熾然**」，熾是形容火光一樣，智慧光明如火一樣爆發。「**正知具念**」，正知正見的念頭，隨時都在，煩惱自然少了，脾氣也變了，瞋心重的人，沒有瞋心了。貪瞋癡都是內在的一股氣質，氣質就是業力，所以氣質變了，當然就是貪欲調伏了。

「**若於如是正加行中，恆常修作，畢竟修作，無倒作意，非諠鬧等所能動亂，是名熾然**」。

修安般正加行要隨時在修，畢竟在修，不顛倒作意。這個時候聽呼吸，修氣，是在作意，但是它是勝解作意，正作意，因為你知道在作意，在修。

什麼叫「**熾然**」？就是說，當你修氣到了息的程度，任何諠鬧的環境都擾亂不了你，乃至說你在戰場上，或碰到原子彈丟下來，明知道你的色身要散掉的時候，你都不會亂，定住了。至於說這個工夫做到了，能不能有神通抗拒原子彈？不知道，我還沒有試過，還沒有證明過。在理論上應該說原子對它沒有辦法才對。這個生命的四大功能大得很，因為都是阿賴耶識的功能所變的，是依報，大家應該知道。

普通佛學所說四大皆空，就是指這個空，你可以把四大化空，也可以化有。所以一般人認為四大皆空，就落於佛學的歪見解，認為空者就是沒有，那是把佛學解釋錯誤了，把緣起性空當成了沒有，那是斷見。千萬要注意啊！這是佛學、佛法最關鍵的地方。所以現在世界上一般思想家，以及講佛學的，他們的觀念究竟對不對，一聽就聽出來了。那些錯誤的觀念，一路就統統錯下去了。

所謂「**熾然**」，是說你這個正定正觀的功力，像火光一樣旺盛，就是《大般若經》上說的，「大般若如大火炬」。那個得了道的人，智慧境界就像大火在燒一樣，東西不管好的、壞的，丟進去都變成火光了。小根器的人，火力還不夠，不能熾然，因為沒有般若正觀定力之故。所以這些經文要特別注意。

「若於如是正加行中，修奢摩他、毗鉢舍那，審諦了知亂不亂相，如是名為正知具念」。

在修靜慮，修止的時候，自然很清楚這個道理，因為你工夫到了，理更深入了，這個叫「**正知具念**」。

「若能善取諸厭離相，諸欣樂相，如是乃名調伏一切世間貪憂」。

身心內外證到這個境界時，對於欲界世間的一切，真發生了厭離，懇切的想跳出來；這不是普通心理的灰心不如意，因為對於「**欣樂相**」，自己身心的快樂，也深知是無常的，所以對世間一切不再執著。這時身心內在的修定境界有把握了，身心氣質都轉變了，就是「**調伏一切世間貪憂**」，這才叫作降伏其心，調伏了粗俗的心，世俗的心。

這些都還是世間定，注意！還在加行法裡，不過，貪欲、煩惱憂愁，已經調伏了，清淨了，心念永遠是平等的。在座所有修道的人，如果修到了這一步，那都是現成的羅漢了。羅漢不限出家或在家，只要身心修持到這個境界，就是羅漢境界。這也就是所謂的賢聖僧眾，佛也吩咐過，不在於你的外表形相，也可能還是世俗的表相。

「由是因緣，宣說彼能安住熾然，乃至調伏世間貪憂。先發如是正加行時，心一境性，身心輕安，微劣而轉，難可覺了」。

所以修呼吸風大觀，還是在止的境界裡，到了心一境性，身心才是輕安，輕靈。「**微劣而轉**」，雖然心一境性，下意識當中仍有些微細雜念，偏差的念，因為習氣還在。這個時候八十八結使並沒有完全解開，只是調伏下去而已，沉下去了，根根並沒有拔除。所以萬一你們將來用功到了這個境界，不要認為已經到家了，悟道了，那就很糟糕了，因為根根還沒有拔除，只是調伏而已。所以「**微劣而轉，難可覺了**」，也就是你那阿賴耶識的種子習氣還在轉動，只是你自己察覺不到罷了。

修定引發的身體反應

「復由修習勝奢摩他、毗鉢舍那，身心澄淨，身心調柔，身心輕安，即前微劣心一境性，身心輕安，漸更增長，能引強盛，易可覺了，心一境性，身心輕安」。

這個千萬注意，到了這一步要再加用功，再努力修止修觀，不斷的增進，達到身心兩方面澄清。身的澄淨談何容易！臉色氣相，連骨頭都轉了，都轉澄清了，心也澄淨了。「**身心調柔**」，澄清以後才能調伏柔軟，骨節都柔軟了。有人天生骨節柔軟的，是他多生累劫的業力輕。有人的骨頭硬得比鋼筋水泥還硬，那也是天生不同，多生累劫的業力種子帶來的。

再進一步，「**身心輕安**」，與前面的輕安又不同了，修持到這個程度，前面的身心輕安，還有微細的雜念在，但是自己察覺不到，以為自己沒有什麼雜念。到了現在這一步，那個覺性，靈明覺知之性，比較強盛了，所以對於微細的雜念挑得出來，一覺察，立刻就「**了**」。這一節再三提「**心一境性**，

身心輕安」，並不是重複，文字雖然一樣，但是一步一步的程序不同。因為在文字上，沒有別的文字可用，我們人世間只有這個文字，就只好如此運用，來形容它。

「**謂由因力展轉，引發方便道理，彼於爾時，不久當起強盛易了，身心輕安，心一境性，如是乃至有彼前相，於其頂上，似重而起，非損惱相**」。

你們之中也有幾個人，偶然撞到了這個境界，身心輕安了，因為是「**因力展轉**」。什麼力啊？就是定的力量，「**引發方便道理**」，在方法上懂了一點，修持方法進步了。此時自己感覺心境特別定，貪瞋癡等妄念，一旦起來就知道了，馬上能夠自己把它轉化消滅。有時候頭頂發脹，或痛，感覺頭有好幾斤重；先是牙齒這一面重，在座的雷先生就有這個經驗。打坐做工夫到了那個時候，像我那幾十個牙齒，脹痛得像在跳舞一樣，我生氣了，難道我做工夫是替牙做的嗎？立刻找牙醫，把牙齒統統都拔了。

像這幾天美國那位老太太寫信來說，她有一顆壞牙齒，因為工夫到了這一步，夜裡睡的時候，她感覺牙齒掉了，掉在嘴裡，懶得管它，到了早晨醒來時，自己那股氣又把它吸回去了。她前兩天說，這一次真的掉了，本來還與醫生約好來拔牙的；現在告訴醫生，這個牙齒大概怕她花錢，總算自己掉了，一點都沒有感覺。有時當工夫到了頭部，痛苦一節一節的來，你本來鼻子敏感的，到這裡就加重了；頭也發重，痛苦得很。不過這裡只告訴你頭發重，「**於其頂上，似重而起**」，但它是「**非損惱相**」，這不是煩惱相，要認清楚這不是病。

所以到這個時候，我在《靜坐修道與長生不老》這一本書上，也告訴過你們，眼睛不好的，眼睛的病就來了；耳朵不好的，耳朵的病就來了，哪一部分不好，哪一部分的病就來了。當然你業力重的，裡頭有發炎啊！如果基因有先天性梅毒的話，跟隨這個氣上到腦子裡頭，人就白癡了，或者中風了，就很嚴重。除非你業力把它修改了，身上的先天性梅毒，由修氣，修風觀的成就，一樣可以把它摧化掉，那就要有很大的認知與正信了。

所以修行修持，到這裡都是實際的工夫，不是那麼簡單的。我如果不跟你們講，你們文字一看就過去了，不曉得看些什麼東西。注意！這一步境界，氣脈到了頭上，那個難受，他告訴你要認清楚「**非損惱相**」，那個是病，也不是病，古人有些是能忍過去的。

「**即由此相於內起故，能障樂斷諸煩惱品、心麤重性，皆得除滅。能對治彼，心調柔性，心輕安性，皆得生起**」。

到氣脈至頂時，在道家認為已經不得了了，「三花聚頂，五氣朝元」，這個時候開眼閉眼都有光明。你如果認為光就是道，那就錯了；光只不過是一種修持功德境界，屬於四大變化，與正觀知性不相干，正觀的知性不在觀上。這個時候「**諸煩惱品、心麤重性，皆得除滅**」，你心中比較沒有妄念了，貪瞋癡的煩惱沒有了，不是根拔除了，而是粗重的沒有了，表層的好像沒有了。由於能對治，心也調柔了，心輕安統統生起了。心中縱然碰到貪瞋癡外界刺激的煩惱，但心懶得動了，也懶得生氣，一念之間就算了，可以對治了。但是必須待頭輪，頭部的氣脈通了，到達這一步，才會「**心調柔性，心輕安性，皆得生起**」。

氣充滿　心喜樂　作意成功

「由此生故，有能隨順起身輕安，風大偏增，眾多大種來入身中，因此大種入身中故，能障樂斷諸煩惱品、身麤重性，皆得除遣。能對治彼，身調柔性，身輕安性，遍滿身中，狀如充溢」。

再進一步的輕安，「**風大偏增**」，宇宙的氣流，天地的氣，與自身相合一，就是《莊子》講的，「與天地精神相往來」。這個時候，不但風大進來，法界的地水火風，都與你色身交通往來，你自然等於吃了十方諸佛給你的多種營養，使你可以變化，能脫胎換骨。由於地水火風四大種「**入身中故**」，能障礙你的這些魔障，進不來了，隔斷了，一切煩惱沒有了，色身的粗重也沒有了。修持到了這裡，就可以袪病延年了，當然無病，健康長壽一點，也不成問題了。

這個時候，自己等於氣脈轉化清淨，十個指頭以及全身，氣都充滿了，氣充滿不是胖起來，胖起來是肉多了，那還是粗重的，那是欲界，這裡說的是氣充滿了。你看老年人，十個手指頭都扁了，皮就皺攏來。修行到這個時候則不同，十個指頭都鼓圓了，氣充滿了，自己也曉得氣充滿了，感覺輕靈一點，可以在空中飛，或在空中飄了。

「彼初起時，令心踊躍，令心悅豫，歡喜俱行，令心喜樂，所緣境性，於心中現，從此已後，彼初所起輕安勢力，漸漸舒緩，有妙輕安隨身而行，在身中轉」。

氣充滿以後，開始你會歡喜得跳起來，高興極了，才感覺到人生的味道，一切無煩惱。所以這種境界「**歡喜俱行**」，歡喜會哈哈大笑。但是注意，你現在看了佛經，還是要自制的，曉得這個也是境界，如不曉得這個理，就會把自己笑瘋了，那就叫作走火入魔，這個地方要特別謹慎注意。

當你看了佛經，懂了這些修持道理以後，到這個境界時就想笑，自己就要警覺不要笑，有什麼好笑？一念覺，也就算了。「**所緣境性，於心中現**」，你要什麼境界，想要觀想什麼境界，心中就會呈現什麼境界。你要觀想極樂世界的境界，它就呈現了。觀想出來以後，這個輕安力量習慣了，這個境界也習慣了。等於吃飯一樣，吃慣了，又像喝酒一樣，喝慣了，不在乎了。「**漸漸舒緩**」，習慣了以後，進一步又有別的境界變化，這個進步好像是退步。

要注意，每一次進步的中間，好像有的進步慢慢舒緩，「**有妙輕安**」，那就不同了，說不出來了。「**隨身而行，在身中轉**」，你們普通講氣脈，奇經八脈打通了，在這個時候無所謂打通，那是屬於小事；而十種一切入，都在色身上自由往來，就是三十七菩提道品中的，四如意道的味道。

「**由是因緣，心踊躍性，漸次退減，由奢摩他所攝持故，心於所緣，寂靜行轉**」。

這個快樂輕安，又向身體內部深入進去了，心的踊躍漸減，慢慢得止、得定的境界更深了，更平淡了。

「**從是已後，於瑜伽行初修業者，名有作意，始得墮在有作意數**」。

工夫到了這個境界，修瑜珈的，修禪的，才可以說你作意算是建立了，這個才算進入「**作意數**」，有一點工夫了。因為你有了作意，要入這個定境，念頭一動就可以達到，才算是作意這一部分修成了。這個作意是勝解的作意，不是凡夫的作意；凡夫的起心動念也是作意，那是凡夫境界，那是散亂；而勝解作意是在理上，在定境上，作得了主。

得色界定後的身心變化

「**何以故。由此最初獲得色界定地所攝，少分微妙正作意故**」。

要知道，色身地水火風能夠轉變到這樣，你已經由欲界跳到色界定了，昇華到色界了。欲界，你看到的欲是壞的，但是昇華是要靠欲界的這個欲火起來，再把它化掉，化掉了以後再慢慢經過這個風大的修持，才能跳出欲界，進入到色界裡頭去。這裡都把消息透露得很清楚了，當然彌勒菩薩透露了一半，我又加了一部分，已經是全部了。靠你們自己的功德，看你自己的福報，慢慢參吧！到這個時候進入了色界定地。所以一直要你們把〈三界天人表〉參看清楚，這是到初禪天、二禪天的境界去了，「**少分微妙正作意故**」，因為色界的微妙正作意到了。還有一點要注意，就是說你上了色界天的邊緣，還要努力進修。

「由是因緣，名有作意。得此作意，初修業者，有是相狀，謂已獲得色界所攝少分定心」。

有作意，有禪定的正思惟，有這個境界，已經得到色界一部分定境了。

「獲得少分身心輕安，心一境性，有力有能，善修淨惑所緣加行，令心相續，滋潤而轉，為奢摩他之所攝護，能淨諸行。雖行種種可愛境中，猛利貪纏亦不生起」。

真達到淨土的邊緣，這個淨土不是西方極樂淨土，是心境上，唯心作意上的淨土。

這完全是止的境界，定力、定境到了這個時候，就是正行到了最可愛的境界。如果你是男人，就算美女之中再精選出的大美女，裸體站在你前面，你也動不了欲念；你覺得她們是小妹妹一樣，對她那個愛是慈悲的愛，沒有欲念，因為沒有欲了。

假如以女性來講，也是同樣的道理，這是講狹義的男女之色欲。廣義的欲，金錢、名譽、地位，甚至皇帝給你當你也不要了，這個時候真不要了，人間的富貴已經看不上了。所以到這個時候，在色界定境上，對欲是這個樣子，甚至最猛利的誘惑，心念都不起了，心念沒有了，欲界的誘惑已經看不上了，太低級了，因為你那個定境高了，達到了定生喜樂。

「雖少生起，依止少分微劣對治，暫作意時，即能除遣。如可愛境，可憎、可愚、可生憍慢，可尋思境，當知亦爾」。

對於太猛烈的魔境界，偶然動一下念，你那個強勝的覺性，當下即知，這念頭就沒有了，就丟掉了，自己會自動除遣。不僅男女色欲之境界，功名富貴等等如此，你工夫到了這裡，脾氣也發不起來了，也不可能有憎恨了，縱使偶然動一下念，自己那個覺性馬上對治，對自己已經不客氣了，怎麼可以起這個念頭呢？一覺，那個壞念頭馬上就消失了。隨時在清淨智慧上，沒有愚癡，也沒有憍慢心，也沒有妄念思想來，也沒有自覺了不起，而看不起其他眾生，都不會了。「**當知亦爾**」，都是這個樣子。

「宴坐靜室，暫持其心，身心輕安，疾疾生起」。

這個時候須要閉關了，你們要住茅蓬閉關，一定要到這個程度才行。所以禪宗告訴你，「不破本參不入山，不到重關不閉關」，到了這個境界，以工夫來說，在禪宗來講，是接近重關境界。什麼是重關？就是到達色界天的境界。所以這個時候要「**宴坐靜室，暫持其心**」，永遠保持進步再進步，「**身心輕安，疾疾生起**」。看！剛剛講一段，有多少個「**身心輕安**」！都是同樣四個字，因為人世間之文字有限。但是，這其中每個「**身心輕安**」的層次、程度都不同，這裡是色界的身心輕安，「**疾疾生起**」是很快的生起，一步一步，進步得更加快。

「**不極為諸身麤重性之所逼惱，不極數起諸蓋現行，不極現行思慕，不樂憂慮俱行諸想作意，雖從定起，出外經行，而有少分輕安餘勢，隨身心轉**」。

這個身體原來會發麻，氣不通，到此已經沒有這一回事了，身體粗重的煩惱沒有了。假使住在關房茅蓬裡，下座經行，或有事去辦，這個身心輕安不會丟掉的，定境總是始終有的。

「**如是等類，當知是名有作意者清淨相狀**」。修持止觀的作意，到這個時候，才究竟得清淨。

哎呀！我的外婆啊！講得好吃力！你們一定會覺得很好聽，這個好聽是怎麼講出來的呀？你們看不懂的，為什麼我會把它看懂？要在這裡參呀！好聽嗎？聽了有罪過的呀。所以這個地方不准你亂聽，不要隨便帶人來聽，沒有這個程度不能聽，聽了反而害了他。好！下面再進一步了。

第三十三卷，「**本地分中聲聞地，第四瑜伽處之一**」。

「**復次此嗢柁南曰：七作意離欲，及諸定廣辯，二定五神通，生差別諸相**」。

定境、神通怎麼修呢？這個裡頭都有，但是你們別太高興了，不要以為這一下就可以曉得修神通了，沒有用的。上面所講的這些修持，你沒有到達，這神通是白修的，不要修成神通的兄弟，變成神經了，千萬注意。你要知道，前面這些白骨觀、不淨觀等等，沒有修持到，你只不過知道這個理而已。

「**觀察於諸諦，如實而通達，廣分別於修，究竟為其後**」。現在就告訴你們，羅漢境界，聲聞境界的二定五神通，是怎麼個修法。

需要入世修的四種人

「**已得作意諸瑜伽師**」。

就是已經到達前面所講的作意成就的境界。有人問：我們是什麼境界呢？我們是學靜坐而已。得止了沒有？（同學回答：沒有。）沒有，那還好，總算有自知之明。觀法懂不懂呢？會觀吧？（同學答：不會。）也不會，能不能作意呢？不要講別的，你觀想作意，作不作得起來？（有一位同學答：作得起來。）作得起來？很久不動嗎？（答：沒有辦法。）對啊！你作意想起來的那個女朋友，是迷迷糊糊的，形像並不現前啊！要像活的站在你前面，才算現前，而且是兩個鐘頭不動。想不想得出來？（同學答：想不出來。）你連那麼喜歡的女朋友都想不起來，你這個作意，是作個什麼意呀？我講這個話，你懂了沒有？

換句話說，你拿這個做例子，你觀佛像、觀明點，這個作意能夠不動，行住坐臥，身心輕安；上面所講的，一步一步，一層一層都到達了，這才是作意成就。它是緣起的，性空中之緣起，就是性空緣起；在密宗叫「生起次第」，平地上建立起來。你要曉得，《無量壽經》中阿彌陀佛四十八願，那個是淨土作意，是由阿彌陀佛的願力作意所造的淨土之業，是與同願的眾生共同善業作意所造的。我們這個世界的眾生，業力苦難，是我們這個世界的共業作意所造成的。這是作意的道理。

所以佛法真修是有的，不是修空洞的作意。在觀成以後，再把它空掉，那是在後面了，那已經到大阿羅漢捨念清淨，已經到了佛菩薩境界了。《瑜伽師地論》有一百卷，現在才三十三卷開始，你不要聽到這裡就說：《瑜伽師地論》我已經懂了。懂了？青蛙跳進水「噗通」，不通！所以你要注意，不要得少為足。上面一切作意工夫，每句話都給你交待了，只有「**已得作意諸瑜伽師**」，已經修持到這個程度的人，才能再談下一步。

「已入如是少分樂斷，從此已後，唯有二趣，更無所餘」。已經得到上面這些成就的，只有兩個出路可選。

「何等為二。一者世間，二出世間」。

修持到上面這個程度，我們大家已經聽得望塵莫及了，對不對？如已修到那個境界，下面有兩條路可以走，一是世間，一是出世間。

「彼初修業諸瑜伽師，由此作意，或念我當往世間趣，或念我當往出世趣，復多修習如是作意，如如於此，極多修習。如是如是所有輕安，心一境性，經歷彼彼日夜等位，轉復增廣」。

這個時候可以選擇出世或者入世，換句話說，你有了上面這個定力，才有本事出世也可，入世也可。不是說衣服一換，頭髮一剃光就叫出世，你還在世間呀！所有的蓋都把你蓋住的，至少現在此刻就被我蓋住了。你要脫離了這一切蓋，然後世間法、出世間法，才可以選擇。

如果佛經你真的懂了，那你怎麼辦？所以真的佛法最好不能讓你們懂；現在給你們一個戒律，在這裡聽了課以後，不要拿有色眼鏡去看出家人或是天下的修行人。不可認為這些人都不行啊！那你就罪過了；你也同樣不行，你只不過在這裡作一個聲聞眾，聽了一點點，得了一點點皮毛而已。在這裡聽了課，就看不起外面的人，那是不可以的，千萬注意，這是一個戒律，要尊重任何的人。

這些修道的人，到了這個程度，可以作意，或念我應該出世，或念我應該入世，然後再求進步，更求進步，日夜不斷的努力去修。

「**若此作意，堅固相續，強盛而轉，發起清淨所緣勝解，於奢摩他品，及毗鉢舍那品，善取其相，彼於爾時，或樂往世間道發起加行，或樂往出世道發起加行**」。

在這個時候才有資格考慮入世還是出世，這還不包括你要不要剃頭髮當和尚。不管你入世或是出世，還是在修加行，還沒有證得阿羅漢果；要搞清楚，你只是在修道，還沒有證果，果位還沒有得到。這個果位不一定是出世才可得，入世一樣可以得，不管出世入世都可以證得。在這個時候，依各人的業力再考慮入世或出世。

「問：此中幾種補特伽羅，即於現法，樂往世間道，發起加行，非出世道」。

「補特伽羅」，就是數取趣，代表一切眾生。問：有幾種眾生，幾種根器的人，在現在這個境界「樂往世間道」，願意發起走世間道的路線，或不願走出世間的路線。

「答：略有四種補特伽羅。何等為四。一、一切外道。二、於正法中根性羸劣，先修正行。三、根性雖利，善根未熟。四、一切菩薩，樂當來世證大菩提，非於現法。如是四種補特伽羅，於現法中，樂往世間道，發起加行」。

有四種根器的人，喜歡走世間法的路線。第一種，一切外道，多世累劫以來是外道根性，願意走世間法的路線。第二種，雖然多生累劫來是佛法正修的根性，但是他根性太笨，太弱了，雖然照樣學佛修行，外表都很好，只是這個頭腦智慧羸劣，太差了，應該在世法裡磨練磨練，而增長其智慧，所以走世間法的路。第三種，根性雖利，聰明絕頂，但沒有善根，沒有福報。

注意！有智慧沒有善根，善根沒有成熟，福報不夠，還是應該走世間法的路，多培養福報。第四種，本來就是大菩薩，菩薩道大都不願走出世間的路。大菩薩來現身，如觀音、文殊、普賢，都是現身在家相；只有一位菩薩現出家相，就是地藏王菩薩，因為他要下地獄度眾生。大菩薩生生世世都走世間道的，為了他世證得菩提大道，所以他就入世。一共是這四種人，走世間法的路線。

修行人為何生入異類中

「此樂往世間道發起加行者，復有二種。一者具縛，謂諸異生。二不具縛，謂諸有學」。

這四種願走入世修的人，對於世間法的修持又分二種。一種是「**具縛**」，有煩惱纏縛，有業力把它縛住，這一類的就是走世間之異生道，狗裡頭、豬裡頭、魔鬼裡頭都有修行人。各類中的一切眾生，許多是再來的，再來的都是聲聞道，都有定力的，所以吃肉不要亂吃，吃到修行人的肉，是會發酸的。這也就是說，各道中都有修行人再生再來。

但是他為什麼變異生而不能變人呢？因為他有「**具縛**」，他多生累劫的業力果報還沒有還完。可是他在異類中仍然還在修行，你不要認為異類中沒有修行的人，不但貓狗牛羊，連蒼蠅螞蟻中都有修行人。第二種是「**不具縛**」，他本來沒有欠別人，沒有業債了，但是他為了修道所以才變異類生，或變人，或變什麼。這一類不具縛的人，已經到達了有學位，還是努力在修的階段，還沒有到無學位，無學位就是羅漢境界了。

「**此復云何。謂先於欲界觀為麤性，於初靜慮，若定若生，觀為靜性，發起加行，離欲界欲。如是乃至發起加行，離無所有處欲，當知亦爾**」。

這是什麼道理啊？因為這類人在開始初修禪定當中，「**觀為靜性**」，貪圖清淨，只拿到清淨這點境界，所以想離開這個欲界。換句話說，就是一味的貪圖清淨，什麼都不管，一個人去修定，以為這個就是修道。由於貪圖這個定的境界，就發起加行，「**離無所有處欲**」，想離開四禪八定裡無所有處定的這個境界。「**當知亦爾**」，不過，這個還在有學位的階段。

「**又依靜慮等，能引無想定等，及發五神通等**」。

因為得了定，在禪定的境界裡，能引發無想定，覺得世間一切厭煩，最後覺得修無想定算了。釋迦牟尼佛也修過無想定三年，無想定是什麼念都切斷了，是外道定，所以生無想天，並非究竟，只是把意識壓制下去而已。佛在未成道以前，修無想定三年，修非想非非想定也三年，他都修到了；知非即捨，他認為這個不是道，就把它丟了。所以這些定都不是究竟的菩提道果，而落入外道之中了。

神通是靠定力而發的，有些修行人，由於定境而得了神通，以為自己有了神通，就是得道了，其實沒有證到道。所以你們要注意，學佛的大戒是，絕不准用神通，因為一般眾生看到神通，認為神通就是道。神通是道的花呀！不是果，只是道的餘波而已。所以有了定境，初禪以上發起了五種神通，若用這五神通的話，他就墮落了，變外道，變魔道，是很可憐的。為什麼呢？

因為他多生累劫的善根不夠，善根不夠智慧就發不起來。所以你們要知道，為什麼腦子笨，智慧低啊？多生累劫的善根善行不夠，真的福德才是真的智慧，要了解，大智慧就是有福報，有真福報而得來的。

「又即依此，若生若相，皆當廣說。為離欲界欲，勤修觀行諸瑜伽師，由七作意，方能獲得離欲界欲」。

這些問題很重要，五通怎麼發起來的？是怎麼一個情形？要詳細加以說明。

彌勒菩薩說：我告訴你們，修行做工夫的人，真想離開欲界的欲望，注意起心動念，並有修行的方法，有七種作意，努力修去，才可能達到離開欲界的欲。這一段下面一氣連下去，下次再講吧！

第十七講

近來我們《瑜伽師地論》所講的，要特別注意，都是學佛修持程序上最重要的地方。有同學提出來，要我說有關生死的問題，關於生死的問題已經提過很多次了，大家應該都知道吧。

你們要研究生死問題的話，第一部書，就要看佛給阿難說的《佛說胞胎經》。人怎麼入胎的？人怎麼生出來的？這部經典是單行本。第二關於處胎部分，在《大寶積經》裡面，有〈佛為阿難說處胎會〉，講得很詳細，可以說佛對醫學、生理學，以及各種科學都講得非常清楚，也有其獨到之處。所以胎兒在娘胎，七天一個變化，每七天的神經氣脈怎麼樣變化，都有個名稱，一直到三十八個七天，然後就出生了。

佛又在別的經典上說，一個人生命得來不易，入胎、住胎、出胎都很不容易。尤其對於懷孕的生理狀況，胎兒的胎位，乃至於說子宮的部位，高矮、寒熱，為什麼會流產，或胎死腹中等等，都講得很詳細。不過只是散落在各種經典裡頭，有關生的部分講得很多。

四大分散的過程

關於死的部分，在各個經典也都有，現在你們研究佛學，正式的經典都沒有看過，譬如《瑜伽師地論》，也把死亡方面的情形詳細的講了。所以佛為這個問題，測驗過弟子們，要大家回答生命無常的道理。佛對他們的說法，做了結論，生命就在呼吸之間，一口氣出去不進來就死亡，這還是正常的死亡；另外不正常的死亡，像橫死的、夭折的，各種各樣死的，太多太多了。佛也說過，人的身體是地水火風四大構成，風就是氣，每一大種，都會生一百一十種病，大種就是物理的功能，所以四大所構成的人身，就有四百四十種病。任何一種病，都可以使人死亡，所以生命就是那麼脆弱，那麼難得，那麼寶貴。

現在不講各種不同的死亡，只講正規的死亡。人到了真正死亡的時候，地大先分散，身體手腳感覺都沒有了。所以我們讀古書就可以體會到，《論語》中，曾子有病快要死了，對弟子們說：「啟予足，啟予手」，要學生把他的腳放好，手擺好。又說，「《詩》云：戰戰兢兢，如臨深淵，如履薄冰，而今而後，吾知免夫！小子」。他說，現在我快要死了，今後不會再犯錯了。臨死還孜孜為善，平時也沒有惡念，現在更不會犯錯了。這個情形就是地大分散，身體知覺失去了。

第二就是水大分散。你們要注意，人生命的形成與死亡時，作用是相反的。在水大分散的時候，這個臨死的人，身上就出汗了，是冷汗，大小便也出來了。這是人最後一次大便，因為上下不相交，中氣脫開，肛門也就鬆開，大小便就自然出來了。所以有些年紀大的人，小便憋不住了，洒在褲子裡，自己也不知道。老年人到這個時候非常痛苦，包括將來你自己，包括你父母，到這個時候小便先已控制不了了。

學佛的人更要知道，老年人放連聲屁，就是下行氣虧虛了，水大分散死相出來時，六根先壞，瞳孔放大，即使站得很近，在要死的人看來，很遠很遠。耳神經也跟著壞了，當面跟他講的話，他聽來非常遙遠，聽不清楚。

在地大分散時，人進入昏迷的狀態，也進入半夢的狀態；或者有山壓下來的感覺，或者覺得鐵板夾住了，很痛苦。等到水大分散，出冷汗的時候，這獨影意識已經不太清楚了，意識跟著四大的分散，漸漸昏迷了。不過獨影意識的作用還有一點點，覺得自己好像掉到海裡了，害怕得很。

水大一分散，接著火大分散和風大分散一齊來，身體慢慢開始冷卻了，冷到什麼地方，風大的氣就斷到什麼地方。所以大家研究唯識的，都知道「煖壽識」，老年人身體有許多地方發冷，尤其是下部。因為人都是從下部慢慢死亡上來的，先是路走不動了，身體越來越粗重。所以為什麼禪定修好的，身體會輕安？因為沒有粗重了。

最後地水火風一齊分散，喉部有痰堵住，呼吸也困難了。你看醫院裡快死的人，大部分都發生肺部積水，氣就快要堵住了，現在醫學的方法就是喉管切開，管子插進去抽痰。當腦子氧氣不夠時，就要上氧氣了。氧氣就是風大，所以聽到某人上氧氣了，就差不多了；不過也有救轉過來的。

死亡時的特殊現象

人在斷氣的時候，各種影象都來了，如在狂風暴雨中跑，各種難過痛苦、恐怖的境界都來了。假定平常有宗教意識的，所謂地獄啊，牛頭馬面啊，上帝派人來找啊，這些境界自然都會顯現了，實際上都是你意識中所變現出來的。四大分散最後一口氣完了，據說非常舒服，人有輕鬆解脫之感。但是只一剎那間就過了，人就不知道了，古人形容如脫殼烏龜飛上天。

什麼是脫殼烏龜？當年在大陸地區，有人要吃烏龜，方法很殘忍，把烏龜用夾板夾住，再用火燒它的尾巴，烏龜受不了，就拚命逃跑，因為殼子給夾板夾住了，只有肉身逃出去了，叫脫殼烏龜。出來當然也是死亡，據說人死的時候，也像烏龜脫殼一樣痛苦，脫，脫，脫，脫到最後那一剎那，就非常舒服、輕靈。

人到地水火風完全分散死亡的時候，剎那間慾念非常強烈，淫慾的念特別會發起，而且很重。平常人到了中年晚年，性慾的感受與觀念，都慢慢退減了，可是到了死亡的時候，這個慾念強烈發起，在完全死的那一剎那，發起的現象是很複雜的，這是死亡。簡單的講是如此。

當全身冷卻了，可以測驗六道輪迴，最後身體還有一點煖，就是前七識都走了，第八阿賴耶識並沒有完全離開身體。如頭頂還有溫煖，最後很慈祥舒服的樣子，這是往生天道；往生淨土的人也是如此。如果全身都涼了，面部、額頭還有點煖，但人很痛苦；或者因觀念、或家庭、家人、家事，或對人有怨恨，死的時候樣子很難看，雖也是上生，不過是進入阿修羅道。這個差別很微妙，因為有些是癡相，癡癡呆呆的，也是生阿修羅道。

全身冷卻，胸口最後冷的是人道中再來。如果全身都冷卻了，肚臍下面還煖的，是入畜生道，屬於下三道，這一類的死亡就不是那麼從容了。我們講從容是規律化的，有時候如果死亡很快，又不那麼規律，譬如車禍撞死的，突然血壓高死的，來得很快，屬於不規律的死亡。死後轉生畜生道的，大半不是壽終正寢，不是好好死的，或者死的時候形狀很難看。

過去有些人，是很好家庭的人，八九十歲了，最後死的時候，硬是爬到地上，有的硬要爬到狗窩、豬窩，才躺下來斷氣。現在醫學發達了，醫院的管理，這種事情是不許可的，認為是精神分裂，馬上打鎮定劑，所以就觀察不到了，這些講的是入畜生道。如果全身冷卻了，膝蓋頭最後冷卻的，是餓鬼道；腳底心最後冷卻，是地獄道。可是這下三道，由於各種怪死現象，各式各樣都有，這個最後冷卻的部位，也就很難檢查出來，沒有機會給你去摸了。這是死亡時大概的情形。

在死亡剛剛斷氣時，阿賴耶識還沒有完全離開這個人的身體，所以佛經的規矩，人剛斷了氣，不准搬動，起碼要過一兩天，因為這時你碰到他的身體，他還有感覺。所以中國幾千年前的《禮記》中就有規定，一個人壽終正寢，三天以後才能搬動，再換衣服。中國的古禮，換衣服時，兒孫子女在旁邊，媳婦都要走開的。身子抹乾淨換衣服，一個女婿一條被子，七八個女兒就要蓋七八牀的被子了。衣服春夏秋冬都要，褲子要穿好幾條，大兒子所謂做「尸」，自己呆呆的站著，把衣服都穿在他身上，再整個脫下來，穿到死者身上。這是順便把古禮說明一下。

為什麼三天以後才能移動呢？因為有一種病叫作「假死」，三天以後也許又復活了，這些中國人都知道。佛家講的就更清楚了，你們都唸過〈八識規矩頌〉，阿賴耶識「去後來先作主公」，對不對？阿賴耶識最後才走，所以不准馬上碰他，最好也不要哭，也不要叫，因為他仍然知道，只是很遠很吃力的聽到，不是用耳朵聽到，是意識那個中陰身，那個靈魂聽到，聽了也會悲傷的。

按照佛家的規矩，這個時候如果有修持的人，指頭按在臨終人頭頂中間那個穴道，叫他從這個地方走；或者有法師用引磬慢慢敲，對他說：你現在發現光明就跟這個光明走，一邊念佛。這個時候須要人提醒，佛家有臨終助念的方法，因為大家年輕，出家人當然很不願意學這個事；嚴格講起來，整個佛法的重點是大慈悲，所以要出家人、法師們經常做這個事。這是指導死去的人，引導他，引起他注意，所以此時唸經是有作用的。可是現在年輕的一代，很少有這個慈悲的心了，過去有這樣的做法，在旁邊唸啊，唸啊，但是有時不懂得方法，反而變成亂搞一通。

死亡時四大分散大概要多少時間呢？拿我們世間的時間計算，大概要兩天，因業力不同，時間長短各人不同。這個時候人好像一覺醒來一樣，如夢初覺，醒過來以後這個叫中陰身，也叫中有身。為什麼叫中陰身呢？人死後，另起的生命還沒有生起，中間存在的這一段，就是中陰身，普通叫作靈魂。

中陰身的時光

在死亡後，中陰身快要形成以前，像睡夢快醒的時候，剎那間有強烈的光出現，比太陽、電光，什麼光都強烈。實際上真做工夫，有修持的人，平常在定靜中，已經很習慣這個光明了，那是自性所發生的功能。可是普通人受不了這個強烈的光，這個光一下子就沒有了，又成黑暗了，陽面和陰面是接連來的。中陰身眼耳鼻舌身意樣樣都有，與我們做夢的情況相似。

我們做夢的時候，覺得被人打，也會感覺痛對不對？夢中想到傷心的事而哭，醒後枕頭上還有眼淚對不對？實際上中陰身的活動同這個一樣，所以中陰身一形成，他自然有中陰身的神通，山河牆壁都障礙不了他。也等於得道的人，一念動，要到哪裡就到哪裡，沒有時空的障礙，念頭一想就到了。

所以我們說修持好了，一念可以往生西方極樂世界，因為物理世界的光速、電速、聲速，都不及念速，念是很快的，中陰身就有這個功能。中陰身等於有五神通，所以家裡的人哭啊、鬧啊，他都聽到，也看到，不過就是看不到自己的屍體。也許我們在哭時，他還來安慰我們說：算了，我已經死了，你不要哭了。不過他勸你，你也聽不見，這個叫中陰身。

中陰身發現光的時候，就有很強烈的慾望，是性慾的欲望；欲界的生命來源就是一個欲，這個欲的作用是很厲害的。中陰身此時對光、聲、色，什麼都看得見，毫無阻礙。假定平常是有修持的人，在自性中陰身形成以前，一見到光，他認識了自性，一念一空而定住，入了定，生死來去，六道輪迴，天上人間就可以任意作主。這要平常修定有工夫才行；沒有修持，沒有工夫，到這個時候很亂，沒有不亂的。我們這樣講聽起來很輕鬆，當時那個境界是很難受的，就像現在，我們在一個不舒服的環境，一秒鐘都受不了，死亡的環境就更難了。

但是有兩種人沒有中陰身，一是至善，一是至惡。至善的人，一死馬上上天，中間沒有停留；至惡的人，一死就下地獄去了，也沒有中陰身。普通的人，善惡兼半，或者善惡無記三業都有的，就會經過中陰身的階段。

在中陰身將生未生之間，看你信仰什麼宗教，那個佛啊！菩薩啊！上帝啊！聖母啊！關公啊！天使、魔鬼、牛頭馬面，都可以看到。這段時間，你一生所做的好事、壞事、無記，從娘胎開始，就如電影一樣，一幕一幕反映出來。不但如此，過去世的業力你也知道了，都翻出來，不過很快的，快到像我們做夢一樣的過去了。我們夢中夢了十幾年的事，實際上沒有超過五秒鐘的，最長頂多三十秒鐘，已經算是很長的夢了，可是這幾秒鐘夢到的事情，卻是人世間幾十年的經歷。

這是有科學證明的，譬如像你們在座的，至少活了二十幾年了，你回想過去所經過的事，現在覺得很快，對不對？所以這是同樣的道理。中陰身那個時候，將一生所經歷過的事情，一下就反映出來。這個中間，佛經告訴你「無主宰，非自然」，你如果相信閻王，閻王也出來了；相信上帝，就會受到審判；如果理透了，知道一切唯心造，那就是你的業力作主。平常你做的壞事，別人不知道的，這個時候自己很清楚，騙不了自己，這就是業力的道理。

中陰身有兩個地方不能去，一個是產門，一個是菩提道場，其他地方都可以去。你們談戀愛的要小心，當你們擁抱的時候，旁邊不曉得有多少中陰身站在那裡看戲，等待來投胎入產門。所以你們要小心，不要以為沒有人看到，「十目所視，十手所指」，那是真的。中陰身不是鬼，與鬼不同一道。

另一個不能去的是菩提道場，不是普通的道場，是大菩提道場去不了。這是什麼理由呢？以前像我們年輕的時候，就問倒一位大喇嘛。第二天我就參通了，知道中陰身入產門就不叫中陰身了，因為投胎了嘛；中陰身入了菩提道場，他開悟成佛了嘛！也就不叫中陰身了。中陰身這兩個地方不能去就是這個道理，所以萬事要自己思惟，把它參透。

中陰身七天一個生死，最多七七四十九天一定轉生，普通不會到四十九天。講到中陰身的入胎，我們現在再講一點欲界的入胎，不只人，昆蟲、螞蟻、畜生，都是由男女兩性生愛生欲這個動力，而生這個生命，這個叫作欲界。植物也有雌雄交配，才能結果子，欲界都是這個欲。

中陰身在欲界裡，當因緣成熟時，譬如男女兩人有性行為的時候，與你有緣的中陰身，就感應來了，看到男女做愛，看得清清楚楚。在靠近時，看不見男女了，只看見二人生殖器的部分。此時貪戀男性愛欲的，自覺與那個男性做愛，就投胎為女性；如果對這個女性有愛欲的，就投胎為男性。不男不女的是另外一種業力，這個很微妙，大家還年輕，慢慢研究性心理學，才會懂的。這個業力，細算這個帳還不只如此，有很多很多的因素，遺傳也有一部分的因素。所以現代心理學講：女孩子比較愛父親，男孩子愛的是母親。

再投胎為人

佛也說過，《瑜伽師地論》也有講到投胎的情形。譬如在入胎的時候，忽然像夢境一樣，看到一個地方風景很美，宮殿莊嚴，就進去了，即投胎在富貴人家。另有覺得狂風暴雨，又有人在追趕，看到一間小茅蓬，或一個洞，就鑽進去躲，或許就生在很窮苦的人家，或者四肢不全等等。也有很愛錢財的，看到很多錢，他也要去搶一把，就入胎了；愛吃的人，看到一盤紅燒牛肉，好啊！偷一塊吃，就是愛欲一動，像磁鐵吸引力一樣，就入胎了，變人。如你的業力該變狗的，看到的男女不是狗，也是人，一動念愛他，就變狗了，一切一切都是以欲愛為中心，這是欲界。

色界的入胎又是另外一個道理，這個裡頭只講愛欲這一面，貪瞋癡慢疑各方面都有。有些人瞋心的業力重，看人都是恨、討厭，也吸引進去了，就是三緣和合，一引就入胎了。

入胎以後中陰就沒有了，又昏迷了，像死亡一樣，什麼都不知道，在裡面大概悶了十個月。有些有定力的人，像阿羅漢及大菩薩，尚有隔陰之迷，在中陰身階段迷掉了，以前的修行都忘了。能夠入胎不迷，住胎不迷，出胎不迷，那個是定慧之力，只有大菩薩再來投胎才可能。

有些人出胎的過程都知道，老古出版過一本書，美國的調查，用催眠把人恢復記憶，講自己前生及住胎的情形，說得多半很相近。如果業力輕的胎兒，住在胎裡也有讀書、跳舞、開運動會的。所以母親懷孕的時候，會感覺孩子在裡面亂動，他那個境界和人在夢中的境界一樣，雖是很小的天地，對他就是一個大天地。

還有胎兒在胎裡受到各種刺激，母親吃的各種飲食，胎兒會有感覺。母親吃了冷的，喝了涼水，胎兒像上冰山，喝了熱的燙的，像下油鍋，十八層地獄在裡頭都受到過。所以中國人講，胎教絕對有關係，現代醫學也證明，胎兒在肚子裡，什麼都聽到，所以父母兩個人生氣啊，講甜言蜜語啊，胎兒聽得清清楚楚的，不過他出胎的時候忘記了。假使這個母親懷胎時，另有情人談情說愛，這個胎兒也清清楚楚，誰都瞞得了，但瞞不了這個胎兒。可是這個胎兒出胎以後，什麼也不知道了。尤其一出了產門，小傢伙受空氣刺激，臍帶剪斷，就「哇」的叫起來。當臍帶一剪斷，立刻就要把嬰兒嘴裡泥土一樣的髒東西挖乾淨；挖不乾淨，嬰兒吞了下去，就變成胎毒。

現在我們曉得人的生命是三緣和合，因緣所生，無主宰，非自然，一切都是業力所生，唯心所造。六道輪迴的差別，生命的選擇靠自己的修持，所以佛法大小乘，第一步是能夠解脫生死，解脫心物的纏繞。

講到因緣所生的生命，直到現在，世間上的學問，尚無完整的答案；人類開始沒有文化，也沒有文字教育，可是這種追求生命來源的思想，個個都會有，天生都有。開始解答這些問題的是宗教，深入的再加研究，對答案不滿意，所以就產生哲學。哲學由理性的研究推翻了宗教的外衣，來追求宇宙生命的來源。後來哲學家也摸到了邊緣，摸來摸去還是拿不到證據。科學家說：你不要管哪個宗教家，他是胡亂相信的，你們哲學家想的也不一定對，你靠腦子想，你那個知識本身就是問題，所以科學要求實證。

人類的文化在宗教、哲學、科學，三大領域摸了幾千年，各自都說自己解決了生命問題，現在誰也沒有解決，仍然是在宗教、哲學、科學的路子上轉，對不對？是不是這樣？佛家說自己了生死，我們看學佛的人那麼多，誰了了生死？佛說出這些道理來，是佛已經了了，我們並沒有了，你必須要把這些道理都求證過。

有一點很奇妙的是，人類的文化越進步，許多宗教的理論就越站不住；而科學越是進步，佛說的理論，也越站得住，越證明他對。不過表達方式不同，名稱不同而已。

人的生命來源是因緣而生，無主宰，非自然，可是現在醫學講人類是遺傳來的。達爾文說人類是由細菌、猴子進化來的，那是達爾文的祖宗，我們不是。弗洛依德說，人類都是性的問題，那是弗洛依德的性心理，有些人並不是性的問題。

我的朋友之中有幾對夫婦，有一對還在，七八十歲了，沒有孩子，一輩子學問很好，感情很好，雖然是一對夫婦，但一輩子像出家人，沒有性這一回事，有愛沒有欲。當然也許是性能力的問題，但是一個真正有學問的人，腦子用得多的人，或者藝術家，智慧發達的人，欲是比較少的；欲重的人，多半智慧少。如果又有智慧又能享受欲，那是天人的境界，非凡夫所能望其項背。所以愚人多欲，聖人少欲，但是愚人多了之後，一年生一個出來，生一大串，古人幾十個兒女的很多，沒有什麼稀奇。

與生命有關的因緣有四個。（一）親因緣：是中陰身帶來的種子，加上父精母卵，三緣和合才能成為一個生命。有人問，試管嬰兒也是欲來的嗎？男女兩性的欲是粗淺的欲，大的欲是各種欲念。譬如中陰身在投胎的時候，看這個畫很美，美啊！就被它拉進去了，那個吸力就是這個因緣。（二）增上緣：家庭的教育，社會的環境，這些都是增上緣。（三）所緣緣：因緣本身是種子，就是親因緣，生下來以後，由種子起現行，過去帶來的種性，脾氣壞的可能更壞，或因中陰身受了某種刺激，也可能會變好一些。但是，如果不再加上教導，長大了也會越來越壞。這就是由過去的因緣，連鎖關係，種子生現行，現行熏種子，連續不斷的，所以叫作所緣緣。（四）等無間緣：這個所緣緣在六道輪迴中，生生死死，死死生生，永無窮盡，稱為等無間緣。

因緣有這四種。

人為什麼要修道

我們講了半天，為什麼人要修道？就是求解脫，要跳出生死輪迴，真解脫是要在現行之中解脫生死。剛才有位同學來問，我們修行人現在就在生死中。對啊！是分段生死，六道輪迴就是分段生死。換句話說，我們自性不生不滅，不垢不淨，真如自性本來沒有什麼生死，不生也不死，既無所謂有，也無所謂空。但是一念動之後，一動一亂，越動越亂，亂了以後，就永遠在那裡輪迴旋轉，越旋轉得快，越解脫不了。就像電風扇上停了一隻蒼蠅，電扇一開，這個蒼蠅飛不出來了；飛不出來，永遠解脫不了。所以我們要尋求解脫，要從六道輪迴的生生死死中，解脫出來。因為在這輪迴之中，轉動速度太快，在五蘊中這個叫行蘊，行蘊是很難解脫的。無明緣行，念頭一動，行就來了；行緣識，識緣名色，四大就來了，十二因緣接著都來了，屬於分段的生死。

修行走的是變易生死，像現在打坐腿發麻，修道的人有各種生理的變化，實際上每一秒鐘，人都在生死中，不過是在變易生死中變化，慢慢轉變。關於變易生死，修得大阿羅漢果就可以解脫這個變易生死，不過，解脫生死不是了生死。怎麼叫了生死？大乘菩薩成佛以後，返還真如自性，不生不滅，就是了脫生死了。

對於了生死，認為打起坐來就說我不到這個世界來了，不來？你到哪裡去啊？就算你生了天，還是在生死中呀！反正在三界中就統統是在生死輪迴中。所以修定修觀就是要了這個生死。

再說現行的生死，一晝夜就是一個小生死；再小一點的生死，就是在一念之間。一個念起來，即生即滅，生死本來就是一念無明。所以不知這個念起在何處，不知其來處，當然無法了生死；也就是孔子說的，「不知生，焉知死」。佛法是教我們如何了生死，了了生死以後，所謂證到了智慧，證到了神通，那麼宇宙的來源，生命的來源，都清清楚楚了，因為一切都包含在一個自性的功能裡。佛法所講的基本道理，就是以三世因果，六道輪迴為主，整個生死的道理就是如此。中國禪宗首先提出來，標榜了生死這個重點，也就是因為這個道理。

現在《瑜伽師地論》這裡講的，最重要的關鍵就是修定、修觀，一步一步都是切實的工夫。這一段一定要好好研究，將來考試重點，就在這幾卷當中。我還要提起你們的注意，看看哪位同學記得，上面講的修定、修止觀，做工夫修行，起步要修什麼？（同學答：作意。）作意是原理，（同學答：不淨觀、白骨觀。）不淨觀到白骨觀，一路怎麼修，這是漸修的法門，而且這也是科學化的程序，一步一步的引進，一步一步的境界，一步一步的工夫，已經統統都告訴你們了。

上次也講到，在快要得定的時候，就是真正得定以前，頭會發重，對不對？身體、心理等等的變化情況，統統都說到了。你們特別要注意這一段，要反覆研究，一輩子修行都用得著，這樣才可以說是真正在學佛了；不然，對不起，不管在家出家，學佛都是假的，理論都了解，沒有起行，那就永遠不會成功。

上次講卷三十三，出世法及世間法的定與神通，講到「**由七作意，方能獲得離欲界欲**」，下面接下來八百三十二頁。

要離開欲　先了解欲

「**何等名為七種作意。謂了相作意、勝解作意、遠離作意、攝樂作意、觀察作意、加行究竟作意、加行究竟果作意**」。

作意有七種，如參話頭、念佛，都是作意，是意在造作。作意在密宗叫生起次第，無中生有，把它生起來，到達了返本還原，徹悟了，就是圓滿次第，證得了菩提。觀想也是作意的一種作用而已。

「**云何名為了相作意。謂若作意能正覺了欲界麤相，初靜慮靜相**」。

隨時隨地有覺醒，就是「**了相作意**」，用清醒的念頭去了解欲界之粗相，最粗的是男女之間的性欲愛欲；其次的粗相是功名富貴，好享受，喜歡萬事不管，貪安樂的欲，放逸也是欲。總而言之，離欲界的欲是最難的，達到離欲的境界時，已經昇華到色界天的境界了，已經在光明中。不但是相在光明中，頭腦作意思想，永遠是清醒的，不會有昏沉了，也不會落於善惡無記中。再以身體來講，到了這個程度，頭腦永遠是清醒的，頭不會痛，六根明利，這就是「**初靜慮靜相**」，初禪就到了。

初禪在教理是什麼境界呢？在《瑜伽師地論》為「心一境性」，此心永遠在清淨境界，無論是在作意的那個觀想境界也好，乃至不觀想境界也好，永遠是清明的。初靜慮是念住，欲界粗的妄想沒有了，初禪就是到達這樣的境界。

「**云何覺了欲界麤相。謂正尋思欲界六事。何等為六。一義、二事、三相、四品、五時、六理**」。

作意就是生起次第，功德智慧生起，也就是覺察了欲界六方面的粗相。這個欲是廣義的欲，不是光指男女之間的欲，飲食男女只不過是粗相中最粗的相之一。

「云何尋思諸欲麤義。謂正尋思如是諸欲有多過患，有多損惱，有多疫癘，有多災害，於諸欲中多過患義，廣說乃至多災害義，是名麤義」。

第一是義，怎麼研究欲界的粗相義呢？我們要了解，在欲界的生活，起心動念，樣樣都是被欲所左右，種子是在起現行。這個欲分二種，一是共業的欲，一是別業的欲。譬如大家都想吃飯，都想吃好吃的，這是欲界中共業的欲。而其中你喜歡吃辣的，我喜歡甜一點，這是共業中的別業，各人喜歡的口味不同，這些都是欲。每人對顏色愛好也不同，這是色欲不同，共業中的別業不同，所以都要檢查清楚，才能夠曉得自己毛病在哪裡，才容易把毛病除掉，才能夠解脫，所以粗義要了解。

這是講的「**義**」，因為心裡有很多貪欲，無始帶來的貪欲，產生很多過患，使自己有了很多損害與煩惱。雖然煩惱是只損害自己的，別人有時候也會受你影響，但那是輕微的，對自己損惱才可怕，才是最重要。因有欲所以才會有疫癘，會多生病，又多災害。對欲的過失、過患，都要了解它的道理，正確了解欲的毛病。義就是道理、原理，這個要了解。

「云何尋思諸欲麤事。謂正尋思，於諸欲中有內貪欲，於諸欲中有外貪欲」。

第二是事，欲這件事有二種，一種是內貪欲，一種是外貪欲。內貪欲是內在的先天個性帶來的，像對某種事特別愛好，如欲界中，第一關最難通過的，是男女之間的性欲。但你要曉得，佛是大智慧人，你如果研究佛法，尤其大藏經戒律這一部分，對於人類犯錯誤性行為的內容，佛什麼都知道，我看了只有合掌讚歎，頂禮膜拜。我們現在世間發生的各種戀情，什麼同性戀啦，怪招術啦，各種性行為，佛經裡頭都有。我們看了那些佛經，才曉得人類原來有這種種怪癖的行為，這是個瘋狂的世界，懂了佛經，才知道這是平常的事。而且佛在世帶領的弟子們，經常有這些行為出來，當然逃不過佛的眼睛，好的壞的，他都知道，真是智慧明了。

所謂內貪欲，是有些人屬於內向的貪欲，外表看來這個人什麼都不要，仔細研究他的心理，他什麼都要。只有他自己反省出來，才能把這個根根挖掉；不是自己反省出來的話，那根根是不會找出來的。所以了相很難，了了了時無可了，了不了，就不得了。另有些是外貪欲，由於外在環境的影響，而起了貪欲。

欲的各種現象

「**云何尋思諸欲自相。謂正尋思，此為煩惱欲，此為事欲**」。

研究清楚自己心理的狀況，有些屬於煩惱欲，這種欲會引起你的煩惱。煩惱不是痛苦，比痛苦輕一點，是會損害自己的精神，自起煩惱就屬於煩惱欲。有些屬於事欲，因事而引起的欲。

「**此復三種，謂順樂受處、順苦受處、順不苦不樂受處。順樂受處，是貪欲依處，是想心倒依處**」。

譬如一個人茶來伸手，飯來張口，這是現代人講求物質的享受，精神的享受，是貪欲最根本所依的地方。實際是思想上的，心理上的，構成了一切顛倒想依處。

「順苦受處，是瞋恚依處，是忿恨依處」。

順苦也是欲呀！現代人喜歡「馬殺雞」（按摩），明明是挨人家的打，打輕一點就說很舒服，等於我們捏那個香港腳一樣，一直捏到流血，但是感覺很舒服，這叫作「**順苦受處**」，它屬於瞋恚的依處。又如愛發脾氣，有時候那個脾氣發了以後，覺得很舒服，那個就是虐待狂，或者虐待別人而自己痛快，或自己被虐待，自己也很痛快。瞋恚依處是它的根本，也是忿恨的依處，心中很氣憤，高聲大罵才痛快，都屬於「**順苦受處**」。

「順不苦不樂受處，是愚癡依處，是覆、惱、誑、諂、無慚、無愧依處，是見倒依處」。

一天到晚傻傻的，把傻傻笨笨當成享受。有些人被別人打一下，也沒關係，他也蠻舒服的，就是不苦不樂的依處。下面是《百法明門論》中的隨煩惱：「**覆**」是覆蓋，犯了錯或犯了罪，遮掩起來，只要沒有人知道就好了。實際上已吃了虧，自己還覺得蠻好。「**惱**」是惱恨，很多人對於輕微惱恨還覺得蠻好，認為打是情，罵是愛呀！惱依處，不苦不樂依處，都屬於欲。「誑」是騙你一下，什麼我好愛你呀！其實都是假的，你聽了還是蠻舒服的。「諂」是諂媚等等。這些屬於觀念上的錯誤，見地上顛倒的依處。

「即正尋思如是諸欲，極惡諸受之所隨逐，極惡煩惱之所隨逐，是名尋思諸欲自相」。

修行的時候，起心動念要研究清楚，因為有愛欲，所以生理上有四大苦樂的感受不同，感受跟隨你來而不自知。我們看到佛經都是在講理，其實都是在教你做工夫，教你把自己心理狀況解剖得清清楚楚。這些隨煩惱像毒蛇一樣，既然是毒蛇，自然不會去摸牠，才不會被牠咬。這些是諸欲之自相，也就是欲本身的形相。《瑜伽師地論》屬於唯識法相，每一樣名相都講得很清楚。

「云何尋思諸欲共相。謂正尋思此一切欲，生苦、老苦，廣說乃至求不得苦等所隨逐，等所隨縛。諸受欲者，於圓滿欲驅迫而轉，亦未解脫生等法故，雖彼諸欲，勝妙圓滿而暫時有，是名尋思諸欲共相」。

我們生在欲界中，都想生下來永遠不死，不要生病，不要有生老病死苦，但都沒有辦法。生老病死苦是欲來的，欲是基本的因，生老病死苦是果，此因必得此果。乃至人生的八苦，愛別離苦、求不得苦……越是喜歡的東西，越會失掉。大家共同都喜歡的是錢，可是大家都窮，這是求不得苦。喜愛的人偏要分離，這是愛別離苦，都在苦，沒有哪一樣不苦，這是欲反面的共相。因為我有欲求，又因為得不到，就覺得痛苦。就像賺了錢，結果又丟掉了，不免發生煩惱，苦相就來了，所以欲反應了共相。

「**云何尋思諸欲麤品，謂正尋思如是諸欲皆墮黑品，猶如骨鎖，如凝血肉，如草炬火，如一分炭火，如大毒蛇，如夢所見，如假借得諸莊嚴具，如樹端果。追求諸欲諸有情類，於諸欲中，受追求所作苦，受防護所作苦，受親愛失壞所作苦，受無厭足所作苦……**」。

一切的欲都是業，惡念是惡業，惡念墮在黑品。希望大家自己仔細看，不要當文字看過去，這是教你一門修法，是從自己心理上觀察清楚，先求解脫的修法，非常重要。如果當成教理，則思想是思想，學問是學問，佛學是佛學，那就和自己毫不相干了。

下面看八百三十九頁第六行。

「如初靜慮定有七種作意，如是第二、第三、第四靜慮定，及空無邊處、識無邊處、無所有處、非想非非想處定，當知各有七種作意」。

修初禪，有七種作意；同樣的，四禪八定，每一個境界都有七種作意。所以心理狀況是非常非常的難解脫，決不是想像的那麼容易。

修初禪的有尋有伺境界

「若於有尋有伺初靜慮地覺了麤相，於無尋無伺第二靜慮地覺了靜相，為欲證入第二靜慮，應知是名了相作意」。

初禪是有尋有伺地境界，對於離欲七種作意的心理狀況，只見到了粗相；到了第二禪無尋無伺地，才真正見到了靜定境界的相。換句話說，我們現在打坐，覺得自己很靜，這個連初禪的定都不到，要到了二禪，你才能真正覺了靜相。要想由初禪證入二禪，這個是「**了相作意**」。

「**謂已證入初靜慮定，已得初靜慮者，於諸尋伺觀為麤性，能正了知，若在定地，於緣最初率爾而起，忽務行境，麤意言性，是名為尋**」。

尋伺這兩個東西要注意，這裡特別解釋，尋伺就是我們的思想，是心裡做工夫。什麼叫尋？我平常有個比喻，拿手電筒到暗處找東西，這裡看一下，那裡看一下，這是尋。伺呢？電燈打開了，整個看得很清楚，全面看到，這個是伺。這只是比喻，他這裡說得更清楚，用義理告訴你道理。

他說在得了初禪定境界時，尋伺的作用，在心理上，就像自己反省、觀察的作用，分為尋、伺兩種情況。尋的情況，是自己反省觀照心念哪裡來，這個能夠看見，能夠找的這個，是粗的現象；找到了，哦！原來是這個樣子呀！這個叫了知，了知還是尋的境界。

假如人身心在定的境界裡，「**於緣最初率爾而起**」，就像我們打坐正好的時候，突然電話響了，這個叫率爾而起，是忽然來的。又如坐得很好的時候，念頭根本沒有，而忽然想起「新竹的貢丸很好吃」。從來也沒有想貢丸不貢丸，現在是在這裡打坐，而且又是吃素，卻突然想起來貢丸，這個是比喻，也是率爾而起。「**忽務行境**」是說，念頭是很快的，一下子想到新竹的貢丸，一下子又想到台南的海鮮，然後又想到哪裡殺人了，忽忽的，心理抓到外境。「**麤意言性**」，這個是性質的性，不是明心見性的性，就是在這種心理上，引發了呼吸也變粗了，情緒也是浮動的。「**麤意**」是意識上粗的境界，自己心裡在說話了，「**是名為尋**」，這叫尋的境界。

「**即於彼緣，隨彼而起，隨彼而行，徐歷行境，細意言性，是名為伺**」。

工夫久了，率爾而起這種粗的妄想，不來了，像有些人打坐久一點，覺得沒有什麼妄想了，一切都靜靜的，很想清靜下去，這個時候是伺的境界。「**即於彼緣**」，你所緣的這一念清淨，「**隨彼而起，隨彼而行**」，意識隨時保持在清淨境界上，「**徐歷行境**」，悠哉遊哉，心境在悠然的境界裡。這個境界性質很細，這個境界叫作伺。

「又正了知如是尋伺，是心法性，心生時生，共有相應，同一緣轉」。

把尋伺的心理境界認識清楚了，你那個能知之性，了解自己現在到了什麼情況，也很清楚現在心理的現況，這是屬於意識的現量所起的作用。「**心生時生**」，念頭一動就有這個境界，念頭想清淨，就清淨現前，還是唯心所生。因為心清淨了，慢慢身體內部也靜了，呼吸、氣息也平靜下去了。

「又正了知如是尋伺，依內而生，外處所攝」。

再進一步，了解自己身體內在的心理狀況，了知就是明白，自己要明白，這個尋伺境界是我們自己心理狀況，是自己生出來的。「**外處所攝**」，因為依他起的力量還是很強，外境一引動你就變了，尋伺就變了。所以外境的物理世界，引動你的力量還是很大。

「又正了知，如是一切，過去、未來、現在所攝，從因而生，從緣而生，或增或減，不久安住，暫時而有，率爾現前」。

這是很詳細的心理學，思想心理動念的本身，一切過去、未來、現在的這個時間性，不是你意識所能改變得了的。所以《百法明門論》中有心不相應行法，時間就是你改變不了的，你不能把一萬年縮成一念。雖然一萬年一想就來，那是說理論可以，一萬年還是一萬年，你一念還是一念。而且都是因緣而生，忽然而起。偶然浮起的這一念，很短暫，這突然而起的一個莫名其妙的念頭，一彈指就過去了。

「令心躁擾，令心散動，不靜行轉，求上地時，苦住隨逐，是故皆是黑品所攝，隨逐諸欲」。

本來自己在靜定中好好的，工夫剛剛進步，這種率爾的念頭，突然來了，貪瞋癡慢疑等，不一定哪一個煩惱魔障，忽然就來了。所謂魔障這個名辭，大家一遇到什麼事，就推過給魔障；魔障才不負這個責呢！因為這是自己心裡所起的，不是魔障。煩惱一旦來了，令心躁擾、煩躁；它是率爾而起，莫名其妙來的，使你煩惱，擾亂了你，使你的心散亂。「**不靜行轉**」，心不靜了，所以你有了這麼一步清淨的工夫，要想再上進時，你就要趕快捨掉現有的境界，否則就跟著墮落了。這樣的境界，屬於惡業，黑品業，還是欲界的。

因為你心想清淨，以為清淨就是道，「**苦住隨逐**」，這個清淨就變成欲了，所以還在欲界中。

「**離生喜樂，少分勝利，隨所在地，自性能令有如是相，於常常時，於恆恆時，有尋有伺心行所緣，躁擾而轉，不得寂靜，以如是等種種行相，於諸尋伺覺了麤相**」。

在這個時候，雖然有點初禪離生喜樂的樣子，離開了現有這個人生境界，好像得到一點清明，又歡喜又快樂；可是你如果沒有分析清楚，而被清淨境界之欲所轉，同樣會墮落，不能再上進了。「**於常常時，於恆恆時**」，這還是尋伺心，會引起你的煩躁，心緒不得寂靜。

下面是講修二定五神通的方法，下次再講，你們自己要先研究。現在對修行的分析，那麼精詳清楚，如果修行再不上路，那就變成茶葉蛋了，不是笨蛋。

第十八講

世間定的重要

在修定做工夫方面，如何才能達到離欲的境界，這個離欲是廣義的欲，所謂「皈依法，離欲尊」，欲，也是包括了一切。講到離欲，它還是屬於世間定的範圍，還沒有超出世間，還是屬於凡夫定。所謂凡夫，並不是指人類的普通人，而是包括三界的天人，都算是凡夫。修定必須先要做到世間定，沒有得到世間定，就講自己得了出世間定，那是妄語，因為做工夫是有程序的。講大乘思想的，如果說大話，等於是空洞的哲學家，這並不是說每個哲學家都是空洞；假定空洞的哲學家說了大話，然後有條理，有程序，有法則的加以實驗，那就不同了。因為工夫是個科學，所以不要看不起世間凡夫定，那是必須要做到的。

下面看八百四十一頁第三行。

「**復次此中離欲者，欲有二種，一者煩惱欲，二者事欲。離有二種，一者相應離，二者境界離**」。

這一段是關於離欲方面，可以唸下去，有不懂的地方馬上問。欲有兩種，要把這兩種欲的觀念搞清楚。離欲的離也有二種，每個觀念的邏輯非常清楚，就是因明非常清楚。欲有二種，一煩惱欲，二事欲；怎麼離開這二種欲呢？有二種離的方法，一相應離，二境界離。

「**離惡不善法者，煩惱欲因所生種種惡不善法，即身惡行、語惡行等，持杖持刀，鬪訟諍競，諂誑詐偽起妄語等，由斷彼故，說名為離惡不善法**」。

惡法就是壞的，不善法也是惡。所謂惡法、不善法的來源，是心理上的煩惱欲，因煩惱欲而產生了種種惡，以及不善法。有惡言惡行等，就是身體言語的壞行為，像拿刀殺人……這些都是惡法，要離惡法，就是斷除一切惡法。在做工夫時，要先去掉這種煩惱思想，然後才能免除惡法。

「有尋有伺者，由於尋伺未見過失，自地猶有對治欲界諸善尋伺，是故說名有尋有伺」。

有尋有伺就是做工夫的境界，是我們反省自己的行為狀態。我們的心理狀態，起心動念構成習慣，同時也有一個監察的意識，自己覺得對或不對，這是屬於尋伺的作用。由於自己反省，才不會有行為的過失。「**自地**」是自己心意識心理，有對治自己毛病的意向，要修正自己的毛病，所以叫修持。另一個名稱就叫有尋有伺。

「所言離者，謂已獲得加行究竟作意故」。

離，還是屬於加行，是有意的要離開惡業，趨向於善，使我們達到修定加行的工夫。「**究竟作意**」是向善法上走，比較徹底。

「所言生者，由此為因，由此為緣，無間所生，故名離生。言喜樂者，謂已獲得所希求義，及於喜中未見過失，一切麤重已除遣故。及已獲得廣大輕安，身心調暢有堪能故，說名喜樂」。

我們打坐為什麼心境上不能發出喜？因為都在煩惱中，像在陰霾的天氣裡頭，因為有欲而生出惡法、不善法等。如果真能夠離開了這些欲、惡、不善等等，不生這些惡與不善，就可以得喜樂。所謂喜樂，就是達到自己所要求的定義與清淨的境界，自己心境達到了至善，所以為善最樂。平常沒有發現的過錯，在這個時候自己很清楚，也沒有了，很乾淨了，心地上的陰霾散掉了。因此不再粗重，獲得了身心的輕安，一天到晚都是舒暢的，不會煩悶，不會這裡病，那裡難過，這些都沒有了。「**有堪能故**」，堪能就是可能，可能得定，可能入道，可能證果，這個境界就是喜樂。

靜慮與定的不同之處

「**所言初者，謂從欲界最初上進，創首獲得，依順次數，說名為初**」。

初相如何了呢？由欲界起步，一步一步上升，跳出欲界、色界、無色界，依次順序的跳出，欲界是開始的初步。

「**言靜慮者，於一所緣繫念寂靜，正審思慮，故名靜慮**」。

靜慮就是禪定境界。為什麼翻譯成靜慮呢？這個名辭的含義，是使我們認識自己用功的目標，就是在寂靜之中作意於一緣的境界。譬如你觀佛像，或者念佛，或者觀個明點，或者觀白骨，或者數息、隨息等等，這個方法就是你的心所緣。選定一個所緣後，這個心念與所緣的明點，合而為一，晝夜十二時，行住坐臥中，「**於一所緣繫念寂靜**」，所緣與念頭配合為一，這個心永遠與所緣相依。譬如修六妙門，隨息時，永遠是心息相依，心念與氣息沒有分離。「**繫念**」這個「**繫**」字要特別注意，是把這個念像拿繩子拴在息上面一樣，或者與一個明點拴牢，慢慢達到身心寂靜的境界。

這個裡頭有個覺性，覺性就是自己反照或是參究，自己很清楚現在這個境界對不對，這個時候是繫念，心與所緣合一。如果這個時候不是合一，自己都會覺察出來，這叫「**正審思慮**」。所以禪定境界，傳統譯作靜慮，有個慮在其中，在寂靜裡繫心一緣，所以叫作靜慮，是完全正靜正知，是清楚的，不是昏沉的。

「言具足者，謂已獲得加行究竟果作意故」。

繫心一緣在整個禪定過程上是加行道，在大徹大悟證得菩提來講，這個還是加行道。不過中國後代有些禪宗，所謂言下頓悟，悟後起修，那就是《楞嚴經》的道理，理則頓悟，事須漸修，悟後還是回轉來走修定這個路。不過呢，因為理已經透了，做工夫就快了；沒有說理透的人比理未透的人做起工夫來還要慢的道理。具足就是福德資糧、智慧資糧二樣都具足，已經得到了加行究竟果作意，就是加行的果位到了。也就是說，作意加行想證得一個什麼境界，就證得了；或想得個什麼定，就得了定；或要開發慧力，慧力就開了；或者要開發神通力，神通力就有了。這個境界是加行究竟果作意，稱得上具足；具足等於一個空的杯子，把水注滿了，叫作具足。

「言安住者，謂於後時，由所修習多成辦故，得隨所樂，得無艱難，得無梗澀，於靜慮定，其心晝夜能正隨順，趣向臨入，隨所欲樂，乃至七日七夜能正安住，故名安住」。

安住，等於我們普通講入定；普通講入定是籠統的說法，這裡分析得很精詳。什麼是具足以後得安住呢？就是說你已得到加行究竟果作意了，也就是身心調順，身心空了，永遠住在一片光明大定中。在這光明中得到了具足，曉得自己所到的程度，合於佛法的哪個階層，都清楚了，可是要把這一個成果定住。「**謂於後時，由所修習多成辦故**」，能這樣的話，你所修的各種工夫，尤其你主修的，都能夠隨時達到。假定你是修明點，或者修白骨觀，最後到達空；修念佛的，像《禪祕要法》所說的，最後是與佛的境界完全合一，這不是普通的念佛。這個境界是主修，然後你定在這個念上，就成就了。其他的定境界，要修什麼，隨時可以到達，多可成功。這個境界，隨時隨地，隨你意樂，想進入哪一種定境，哪一種三昧，就可以進入，沒有困難，也沒有阻礙。

所以在禪定境界中，修行人的心，晝夜都在定境界裡，要定就定。要想進入哪一種定境界去，「**隨所欲樂**」，就是隨心所欲，這個欲是禪定上界的欲，不是下界的欲。譬如密宗有一種欲樂定，意識想在這個定境界享受一番，明知是享受，故意去享受，可以七日七夜都定住在欲樂定中。

七日七夜為什麼

這裡有一個問題，就是「**七日七夜**」的問題，在淨土宗也是七日一心不亂，便得往生，這裡也指七日七夜。為什麼七日七夜那麼重要？尤其女性生理上，月經周期都拿七天來計算。又為什麼胎兒入胎七天一個變化？為什麼中陰身死亡也是七個七天？西方宗教七天是安息日，都有它的理由。《易經》就有說明，「七日來復」是一個周期，其中道理很多，乃至於得定，七日七夜在一個定境界，可安住下來不變。你說，那還得了！打坐可以入定七日七夜，那已經很長了。看來是很了不起，你們一定好喜歡；其實那個入定的本人，只覺得是一彈指間而已，只不過休息了一下而已。在定境界裡，一萬年縮短為一彈指之間，「**故名安住**」，這樣叫作安住於定。

「**復次於有尋有伺三摩地相，心能棄捨，於無尋無伺三摩地相，繫**

念安住，於諸怱務所行境界，能正遠離，於不怱務所行境界，安住其心，一味寂靜極寂靜故，是故說言尋伺寂靜故，內等淨故」。

再其次說，我們大家都在打坐練習修定，都是在有尋有伺的境界。比喻來說，有尋有伺像水上按葫蘆，這邊按下去，從那邊浮上來。我們大家現在打坐的境界就是這樣，都在玩水上的葫蘆。一個念頭剛剛按下去了，另一個雜念又來了，連有尋有伺的境界還達不到。

嚴格的講，有尋有伺的境界，是粗的妄念比較平靜了，心中能夠檢查出來意識根上那些陰影。像貪瞋欲、煩惱欲、事相欲等，陰影的根本可以檢查出來了，這個才叫有尋有伺。這個前面也說過的，做工夫的人，對於有尋有伺定境界的「**三摩地相**」，也就是三昧中的各種心理狀況，自己都知道了。但是「**心能棄捨**」，說捨就捨，說切斷就切斷，當下就放掉了有尋有伺，而住在無尋無伺的三摩地相上。「**繫念安住**」，隨時隨地都在無尋無伺的境界上，很自然的安住在這個境界裡。

這樣能不能做事呢？可以呀，外界一切事務境界，「**能正遠離**」，心中隨時能夠丟得開。正遠離是隨時都在清淨境界中。他為什麼不說清淨境界而說很正的遠離呢？因為這跟清淨境界稍有不同，故說能正遠離。在「**於不忽務**」境界，比較不忽忙的時候，心能夠安住；此心一味在那個極寂靜上面轉，這個境界就是尋伺的道理。「**內等淨故**」，內在意識慢慢都清淨了，乾淨了。

「**又彼即於無尋無伺三摩地串修習故，超過尋伺有間缺位，能正獲得無間缺位，是故說言心一趣故**」。

這裡再詳細告訴我們，修持到達了無尋無伺，隨時在一味清淨，很寂靜的境界上，但不要刻意。因為工夫尚不能連成一串，有時候工夫好一點，這個境界維持得長，工夫差一點時，會一下有了，一下又散亂了。所以要「**串修習**」，要慢慢練習，把這個身心慢慢轉過來，練習成連貫性的一串。「**超過尋伺有間缺位**」，中間沒有間斷，才能真正得到無間缺，行住坐臥都在這個境界裡，這個叫「**心一趣**」，心在一緣的境界上。

無尋無伺入二禪

「無尋無伺者，一切尋伺悉皆斷故」。

什麼叫無尋無伺呢？一切用心的境界，不需要用心自然合於這個標準，這叫無尋無伺。

「所言定者，謂已獲得加行究竟作意故。所言生者，由此為因，由此為緣，無間所生，故名定生」。

定生喜樂是二禪境界，定怎麼生出喜樂呢？先說定，就是已得到修加行法的究竟作意了。譬如說修明點，這個明點永遠是清亮的，身心是輕安的，加行究竟作意作到了，這個所謂的生起次第，是我有意作觀想形成的。什麼是定生？**「由此為因」**，是由繫心一緣所生出的，也就是由定而生出的。如因為念佛，而生出念佛的正相，念佛的境界現前了。等於選定了一個佛的形象，畫像也好，銅像也好，或者一位佛的真正肉身，選好後去修止，修念佛，繫心一緣，修到這個境界現前了，身心輕安，這是定生；也就是密宗所謂的生起次第，從無中生出來。

假如修六妙門，修呼吸的，這個時候，氣機內生，身心空靈氣機充滿，到了息的境界了。此時不呼也不吸，覺得身體是在空中飄的，隨時到達這個境界，就是所謂的「**定生**」，由定境界生出來的。剛才我們已經說明了，或者念佛，或觀佛像的境界，或觀明點的光明境界，由這個因，這個緣，加上無間斷串習用功所生出來的，這叫定生。

「**言喜樂者，謂已獲得所希求義**」。

你所希望達到的境界，已經做到了，當然得喜樂；如窮人得寶，寶已經拿到了，當然歡喜。

「**又於喜中，未見過失，有欣有喜，一切尋伺，初靜慮地諸煩惱品所有麤重，皆遠離故，能對治彼廣大輕安，身心調柔，有堪能樂，所隨逐故，名有喜樂，依順次數此為第二，如是一切如前應知**」。

喜是自己起心動念不再有錯了，像孔子講的「隨心所欲不踰矩」，不會有過失了。孟子講：「四十不動心」，不動心不過是無尋無伺的境界。開始修道的，那種想要定又定不了的情況，心中好煩惱；得到喜樂時，所有粗重境界遠離，不會再來了，因而產生身心內外廣大的輕安相。心調順，身柔軟，每個骨節，每個小細胞都柔軟了。得定的人骨節都柔軟得像麵條一樣，還可以像拉麵一樣，拉得很長，膀子可以拉長出去，不拉又會慢慢縮回來，變成麵筋一樣了。「**有堪能樂，所隨逐故**」，有一種特別又非常的樂感，身體上快樂又舒服，心理上也是無比的歡喜。堪能樂是跟著你的，只要你有這個工夫，這個樂境界就來了；沒有這個工夫，樂就發不起來，所以叫定生喜樂。這個定境界生出了喜樂，喜樂是由定境界所生，所成長，所培養出來的，這是第二禪。

「**復次彼於喜相深見過失，是故說言，於喜離欲**」。

第三禪是離喜妙樂，喜等於窮人得寶，中了愛國獎券頭獎，一定很高興；但是獎金用慣了以後，沒有什麼特別了，也是一樣平常。這個喜也是一樣，喜相習慣了，也平常了；到第三禪的境界，心中覺得窮人得寶那個喜相，很多餘，自己覺得好笑。就好像本來想買又買不到的東西，現在買到了，很高興，也知道這個高興以及喜相本身也是欲，要認識清楚。這個時候到了三禪，喜相沒有了，就是離了喜的欲。

「**又於爾時，遠離二種亂心災患，能於離喜第三靜慮攝持其心，第二靜慮已離尋伺，今於此中復離於喜，是故說言安住於捨，如是二法，能擾亂心，障無間捨**」。

這是說，在這個時候，有喜樂二種災患。初禪的離生喜樂，二禪的定生喜樂，都很喜樂舒服。可是更上一層樓，回頭一看，有什麼可喜的！就像千萬富翁，看見窮小子中了二百萬就那麼高興，太好笑了，認為沒有什麼可喜的。所以自己再進一步，回顧喜樂兩種，反而變成災患了，因為那也是欲。於是離了喜樂，到了第三禪以上的境界。由於第二禪離開了尋伺，因喜樂二法能擾亂其心，變成了災患，也使你心不得清淨；到了第三禪離喜妙樂，就離棄了喜，三禪的妙樂與二禪的樂並不相同。

你們道理聽懂了可不要說大話，萬一有一位同學到了離生喜樂的境界，你說：那又算什麼呢？那還是有喜樂二障呀！所以就怕教理學通了以後，專門拿教理去量別人，這個不是聖人，那個也不是聖人，不曉得自己是什麼人。可是一般學佛，學宗教的人，懂了一點宗教的教義，看別人都不對，都是魔鬼。他拿一把聖人的尺度，專門去量別人，從來不把自己先量量看，一量自己，才曉得自己比誰都差。所以這是反照自己用功的，懂了這些不要去量別人，這是教你們自修的，不是要你們去批評別人的。

「初靜慮中有尋伺故，令無間捨，不自在轉。第二靜慮由有喜故，令無間捨，不自在轉」。

初禪的境界，因為還用心，還要用力，屬於有尋有伺，所以這個不間斷的捨，還不能自在轉，也就是不能夠做到，還不自在，放也放不下，提也提不起來。初修行就是這樣，都有這個痛苦。到了第二禪境界，由於心中還有喜樂，所以「**令無間捨，不自在轉**」，還是有間斷性的，做不到無間斷捨，還不自在。

「是故此捨，初二靜慮說名無有，由是因緣，修靜慮者，第三靜慮方名有捨。由有捨故，如如安住所有正念，如是如是彼喜俱行想及作意，

不復現行」。

到了第三禪，才可以放下，放下什麼？是放下喜樂境界，都完全放下，可以「**如如安住所有正念**」。在如如安住所有正念中，正知正念「**如是如是**」，就是這樣這樣，那個喜樂的心情，乃至於禪定工夫到的，那個有意作意的那個境界，「**不復現行**」，不再須要了。譬如你作意觀想一個白骨，或是一尊佛像，本來很用力觀，或者很用心，到那個時候不須要作意了，它自然現前了。而且現前還要除掉它呢！佛來斬佛，魔來斬魔，都請開了，因為要進入圓滿次第了，要進入空靈去了，所以這些都要捨掉。

工夫的次序是科學性的、呆板的，一步硬是一步，樂是樂，喜是喜，絕不相同。所以我經常感嘆，中國大乘佛法一流行，說大話的人太多了，都是吹大牛，自認為了不起。可是自己任何不對、不行的地方，都反省不到，檢查不出來。我們懂了這些，就要多觀察反省自己。

三禪以上的捨和樂

「若復於此第三靜慮，不善修故，或時失念，彼喜俱行想及作意，時復現行，尋即速疾以慧通達，能正了知，隨所生起，能不忍受，方便棄捨，除遣變吐，心住上捨」。

到了第三禪境界，如果你不好好把握觀照身心來修持，還會有失念的時候。這就是說，這個喜樂的境界隨時會起來，要以很快的智慧能力，「**能正了知，隨所生起**」，念頭一起，喜樂一起，就把它切斷丟掉，就像我們吃菜吃到了渣子一樣，要把它吐出來。「**心住上捨**」，一步一步放下，一步一步上進。

「是故說有正念正知，彼於爾時住如是捨，正念正知，親近修習，多修習故，令心踴躍，俱行喜受便得除滅，離喜寂靜，最極寂靜，與喜相違心受生起，彼於爾時色身意身，領納受樂，及輕安樂，是故說言有身受樂」。

修行要有正念正知，該捨的要捨，多多修習，就可丟掉喜的感受，而達到最寂靜境界。色身是父母所生的肉身，意身是法身所起的意生身；從究竟來說，我們這個身，也可以說是意生身，但是也離不開父母所生的這個色身。「**領納受樂，及輕安樂**」是說色身上也有快感，意生身上也有快感，也就是法身化身的快樂，所以是常樂我淨。這個時候還是世間法的樂，還沒有談到佛法。所以「**有身受樂**」，雖然離不開這個肉身，但是並不一定完全在肉身上得樂，而是因樂而產生的意身的樂。

譬如男女相愛而生樂，三緣和合受胎，當時由色身受樂，三緣和合而產生第二個生命，但是這第二個生命的感受，不是樂了，與這個第三緣沒有關係了。可是當時的境界，與這三緣的得樂，還是有關係。以世間法來說，許多境界你們是不懂的，其中的道理是一樣的。所以到了這個時候，色身意生身「**領納受樂**」，自己感受了樂，這是禪定之樂，發起無比的輕安，色身也輕安，意生身也輕安。所以道家用「冲舉」兩個字來形容，人可以輕靈到飛身而起的程度。道家稱這是「陸地飛昇」，因此叫它「**有身受樂**」。這個身，法化報三身都可以講。

「**第三靜慮已下諸地，無如是樂，及無間捨；第三靜慮已上諸地，此無間捨雖復可得，而無有樂，下地樂捨俱無有故**」。

三禪以下的二禪、初禪境界，就是「**下地**」，沒有這樣的樂和捨。三禪以上的無間捨，是永遠都在放下的空的境界；雖然得到那個捨的境界，但沒有樂了。這個沒有樂是以世間樂來講的，因為它已經超越世間的樂，無法比擬了。也因為那個境界不是人類的知識可以想像的，必須自己到那個程度才知道。在初禪、二禪的境界裡，是想像不到三禪以上境界的。

「**上地有捨而無樂故，是故說言於是處所，謂第三靜慮，諸聖宣說**」。

所以三禪以上是捨，是放下所有的一切，「**捨**」就是布施。《梵網經》上大乘戒第一條，就是捨心，就是空掉，一切放開，一切放下。「**上地有捨而無樂**」，因為那個境界已經放下了，而喜樂放下的那個境界是無法講的，只有一個捨，一切都捨掉的。拿現代話來說，無限的發展，無限的開拓，那個不能講成喜，不能講成樂，而是無法說，是無比無限的好。

「**謂依於此，已得安住補特伽羅，具足捨念及以正知，住身受樂，第三靜慮具足安住，言諸聖者，謂佛世尊及佛弟子**」。

到了第三禪以上的境界，雖然也是世間定，但與出世間定有連帶的關係。「**諸聖**」就是佛世尊及諸菩薩，他們弘揚佛法，說法告訴我們的，也都是這個，是在這個境界上定住了。所以諸佛菩薩與大阿羅漢，有時候可以請假不來，躲到那個境界去了，躲多少大劫都可以。但我們就躲不掉了，躲個一百年多好呢！不過你要曉得，在八萬四千大劫這個定境界裡頭，他們的感覺也只不過一彈指間而已。這些不是理論，要工夫做到才算。

一切修行的眾生，「**具足捨念及以正知**」，要隨時捨念清淨，要隨時在正知正見上修。修禪定的人，為什麼達不到禪定境界？因為四大沒有發起樂，身體都在痛苦中。如果能到達「**住身受樂**」的境界，自然煩惱不起，一切煩惱不動了。「**諸聖者**」，因為其他宗教也用聖者，所以特別解釋一下，此處所謂聖者，是指佛世尊，以及證到大阿羅漢的弟子們。

關於《禪祕要法》，有法師與同學們要求，到今天為止已有三次了，要我來講，我沒有答應講，因為前年我已經給你們講過了，所以不想再講。大家同學們請求再講，因為想在色身上做實地工夫等等；而且又有人說，他以前一味想修空觀，所以前年我講的時候，他沒有好好聽，經過了這些歲月，現在曉得可惜了。雖然也有錄音，但也不清楚了。

其實我到現在都還沒有答應，要講可以，我有一個條件，除非你找兩三個人，像記錄《論語別裁》一樣的可以記錄下來，這件事不容易呀！第一先要一字不漏的記下來，而後再經整理修改，有時候要經七八道的工夫。不是一字不漏記錄下來就行了，那沒有用的，《論語別裁》的記錄就動用了五六個人的修改，改完了又改。光就記錄來說就不容易了，多半是眼高手低，即使自己學問滿肚子，也不一定有這個能力。所以記錄的人才很難找的，而且要動腦筋重新整理編排，使人看得懂，這要很大的本事呀，像我還沒有這個本事。因為萬一講的人講漏了，還要補充的，這不是好做的工作。所以答應記錄的人好好考慮考慮，下次再作決定。《禪祕要法》有很多步工夫，要一

受斷故，說有所餘非苦樂受，是故說言，彼於爾時不苦不樂」。

文字看起來很麻煩，其實講得很清楚，修定的人到了第三禪，再把所有苦樂統統超越了，就進入了第四禪的境界。到了第四禪的境界時，則可隨時隨地進入下地定，下界的定，或第二禪定的境界，或第三禪定，或初禪定的境界，都可以自由出入。雖然一切定境，隨時可以出入變動，但不能說已得自在，不過已經比較能夠自在了。

總而言之，在這個境界身體的感受，心理喜樂的感受，身心喜樂的兩種狀態，隨時要切斷就切斷了，隨時要進入任何境界都可以，所以叫作「不苦不樂」。

「從初靜慮，一切下地災患已斷，謂尋伺喜樂，入息出息，由彼斷故，此中捨念清淨鮮白，由是因緣，正入第四靜慮定時，心住無動，一切動亂皆悉遠離，是故說言捨念清淨」。

由初禪開始，下地的災患已斷，因為初禪以下還在欲界中，到了初禪，欲界所發生的災患已經沒有了。但是初禪仍有災難逃不過的，譬如地球要壞的時候，火燒初禪，初禪天還逃不開這種災難，火災來了，初禪天的天庭一樣的壞掉。等於我們最近看到義大利大地震，地裂開了，高樓連房子都掉進去，這是地球上明顯的小災難。

當地球要壞的時候，有三災八難，火可以燒到初禪天的境界。三災過了，又到了空劫，沒有地球了，然後經過二十小劫，又形成了這個地球，地球又活了幾萬億年，成、住、壞、空，各二十劫。當它又壞時，火災先來，再來水災，水淹到二禪天。第三災是風災，三禪天都靠不住，會被風吹垮的，為業風所飄。四禪是捨念清淨，才能免難。

做工夫也是一樣，得到初禪的話，仍抗拒不了火災，碰到身體上精氣不能化的，欲火突然大動，男性女性都一樣會漏丹，初禪境界一下子就垮了，這是火災。到達第二禪境界時，水淹二禪，就沉沒下去，又垮了，照樣六道輪迴。到達第三禪境界，氣脈沒有調順好，一樣會毀掉，這是風災。只有到第四禪，一切都捨了，好壞、禍福都捨掉，捨念清淨，加上佛法的慧觀，可證到有餘依涅槃寂靜之樂，才可以脫離三災八難。

所以跳出三界外，不在五行中，有那麼簡單嗎？打了幾天坐，學了一小點佛法；尤其你們佛法連半點都不夠，半調都沒有，那怎麼行呢？所以大家要把這個理搞透，把這些事相搞清楚。關於三災八難，第幾禪天是什麼災，詳細資料在「意地」裡就有。所謂意識地，一個意識就包含了三千大千世界，整個都是一個意識境界，凡夫境界裡也有。如果本論一百卷全部研究完了，可以作大法師，這一套《瑜伽師地論》，就是最好的一部佛學和佛法。

本論所講的初禪是很嚴格的，所講初禪的標準，已經是比較詳細了，經過二禪、三禪，在到達四禪時，「**尋伺喜樂**」都斷了。所謂尋伺，就是跳動的心理，此時妄念的生滅沒有了，喜樂境界也清淨了，入息出息也不流行了。道家也有所謂胎息、龜息等境界，都自然清淨的說法；密宗修寶瓶氣，也可以達到不呼不吸；道家修到呼吸可以完全閉住，等於世間法中練瑜珈術到了最高層。如果把此人釘進棺材裡，埋在地下幾天，挖出來還是活著的，這就是有意把呼吸停止的原故，在道家叫作龜息。

我曾經做過實驗，烏龜壓在桌腳下，很久很久才慢慢把頭伸出來，我們很仔細的聽，可以聽到牠吸氣，很長的吸一口氣，很久才吸一口，牠靠氣息一出一入，就把生命維持了。所以壓牠很久也死不了，這就是所謂的龜息綿綿。

出入息真不流行時，雜念也相應的比較清靜了，因為念與息連著的，所以念頭越亂，呼吸越快，越粗。你們可以試試看，把鼻子捏住、閉氣，這時連思想都好像悶住了，出入息有這個道理。「**清淨鮮白**」是真清淨，乾淨了。由這個因緣，證入第四靜慮定時，意識心住，念頭妄想不動，一切不動，呼吸往來自然也不動了。所以真正入定的人，與死的人相似；在達到三禪定以上時，拿根雞毛置於鼻孔下，不會動的，鼻子的呼吸靜止了，雜念也相應的靜止了，捨念清淨，這是一個很好的考驗。

自己有時覺得好像呼吸停止了，你捏住鼻子看看，差不多十秒鐘你就會受不了，臉都漲紅了，這是硬閉的，不算數。修持硬要達到出入息淨，念也清淨，兩個相互為用，則「**一切動亂皆悉遠離**」，一切都不動了，所以捨念清淨。

什麼是真正的虛空

「第四等言，如前所說初靜慮等，應知其相」。

對於初禪、二禪、三禪、四禪等的每一個境界的情況，就是相狀，都應該知道。

「復次以於虛空起勝解故，所有青黃赤白等相，應顯色想，由不顯現故，及厭離欲故，皆能超越，是故說言色想出過故，由不顯現超越彼想以為因故，所有種種眾多品類，因諸類色和合積集，有障礙想，皆得除遣，是故說言有對想滅沒故，由遠離彼想以為因故」。

什麼叫虛空呢？你們注意！你們現在打坐，有時候閉著眼睛也覺得有虛空境界，但是有沒有虛空之相呢？（同學答：有），對，一定有，而且你們看到的虛空還是灰濛濛的，有色相，不是青黃赤白的。我們眼睛看物理世界的虛空是有色相的，這是屬於物理世界的虛空。換句話說，打坐所達到的虛空境界，還是物理的虛空，是有色相的。「色不異空，空不異色」，所謂異色，就是這個境界非那個境界，因為你還住在色相的物理虛空境界，所以還有美感，有青黃赤白各種顏色，各種色相。有色相就不是真正的虛空；捨念清淨的定，是真正虛空定的虛空，連這些色相都捨掉了。因為捨念而到達虛空清淨，了不可得，一切色相皆空，色蘊空了，住在虛空境界，所有一切妄想都沒有了。

「**所有於彼種種聚中差別想轉，謂飲食、瓶、衣、乘、莊嚴具、城舍、軍、園、山林等想，於是一切不作意轉，是故說言種種想不作意故，除遣如是有色有對種種想已，起無邊想虛空勝解，是故說言入無邊空**」。

為什麼許多人喜歡住在山林裡頭修啊？你說這些人好不好色啊？（同學答：好色。）對的，這個風景清幽呀！這個環境山色好美呀！他這個就是欲，更好色。當然他所好的色不同，不是男色，也不是女色，他是好山林之色。看到花草啊，樹木啊，多美啊！他已經把自己困在裡頭了，而不自知，這照樣是沒有解脫色相。真解脫色相的人，坐在鬧熱的地方，與坐在牛欄狗屎旁，或住在山林中是一樣的，沒有分別。這不是不動心，知道是臭的，可是沒有關係了。

我當年從峨嵋山下來，我的老師要我陪他到重慶。從成都到重慶，好像現在到美國一樣；到美國還可以坐在飛機上睡十幾個鐘頭，醒來就到了。那個時候去重慶是坐汽車，人又多，位子給老師坐，自己在車上站了兩天，小便不敢去，一離開位子，回來就沒位子了。第一天晚上住在旅館，喝茶時老師先看看我，然後問我，今天下來，與在峨嵋山上是一樣還是兩樣？我說我沒有感覺兩樣，我也覺得與峨嵋山上一樣的清淨。

本來境界是一樣的，如果說這裡很亂，還要找個山上去住，就有色相了；因為有個有色，就相對的有個無色，所以有個愛美的色相境界就不是了。

色無邊處定過了，就進入空無邊處定。現在大家坐起來，眼睛閉住，偶然有點空空的，這是很有邊的呀！不是空無邊處，比「復青大廈」的空還要小一點，這個邊，大概有燒餅那麼大，既有色相，也有境界。

「由已超過近分加行究竟作意，入上根本加行究竟果作意定，是故說言空無邊處具足安住」。

這就是叫你認識清楚四禪八定，什麼叫作空無邊處定？是沒有色相，畢竟清淨。

「**當知此中依於近分，乃至未入上根本定，唯緣虛空。若已得入上根本定，亦緣虛空，亦緣自地所有諸蘊。又近分中，亦緣下地所有諸蘊**」。

進入了空定，一步一步的上進，在虛空裡頭，「**亦緣自地所有諸蘊**」，也可以回轉來，住在諸蘊中，包括下面的色受想行識。這一點講得很短，不詳細跟我們講，因為一般的修行人很難到達，所以只把大概原則告訴我們。

「**復次若由此識於無邊空發起勝解，當知此識，無邊空相勝解相應……**」。

下面跳過去不唸了，由空無邊處定，識無邊處定，無所有處定，一直到非想非非想處定。簡單明了，說了這四定其中一個定的原則，下面就跳過去了。大概原理懂了，到了那個境界裡頭，下面四步定的工夫，你自己去研究，就會清楚了。

下面看八百四十七頁第六行。

有心定與無心定　無想定與滅盡定

「**復次依靜慮等，當知能入二無心定，一者無想定，二者滅盡定**」。禪定修到了，可以證到二種無心定的境界，就是無想定與滅盡定，都屬於無心定的境界，大原則是無心定。

「**無想定者，唯諸異生，由棄背想作意，方便能入**」。這是第一個無想定。一切奇人，或是鬼、妖、神等，他們或人或鬼或仙，他們不是正道，而是外道；這些都屬於異生，他們都可以做到無想定。由於棄背想的作意，拋棄了思想，硬是不准自己思想，由這個隨時壓制自己思想的作意方便，能夠進入無想定。但要注意的是，無想定是外道定；不要說外道定你就看不起，你查查三界天人表，無想定還是色界的上界，外道定能生到色界天也是很不容易的啊。

但是，不要認為無想定很容易修到，那是很不容易的，人真能做到沒有「想」，這個色身可以變成化石，成為不生不死。中國有望夫石，丈夫出門，太太站在門口天天盼望，後來就變成呆呆的化石了，中國好幾個地方都有望夫石。在戰國時代，真的還是假的不管，理論上是有可能，她想丈夫，進入了無想，遠遠望，天天望，想丈夫想癡了，沒有思想了，慢慢身體變成化石了，這也是一個外道的異生境界。

注意啊！吃素的人，吃草、吃葉，摘了一朵花來吃，算不定你就摘到一個無想定果位的生命；算不定一棵青菜，就是一個無想定的人變的。所以對於異生境界，一定要了解。

「滅盡定者，唯諸聖者，由止息想受作意方便能入」。

得道的佛弟子們，得道的羅漢聖人，由於止息了想、妄念，有意的把身體的感受控制住，也就是用方便，能入滅盡定。這是講有兩種方法，兩種定的原則。

「如是二定，由二作意方便能入。謂無想定，由棄背想作意以為上

首，勤修加行，漸次能入」。

這二種定，有二種作意，放棄了思想作意是第一要點。雖然壓制了自己思想，拋棄了自己的思想，變成呆呆的，一天到晚都是沒有思想的這個作意，但光是這個作意還是不行；還要勤修加行，還有許多加工的方法，漸漸可以進入無想定。

「**若滅盡定，由從非想非非想處，欲求上進，暫時止息所緣作意以為上首，勤修加行，漸次能入**」。

滅盡定是阿羅漢境界最高的禪定，是四禪八定的最高處，是到了非想非非想處定。非想，不是想；非非想，不是沒有想，不是一般人認為的沒有思想的那個境界，它還有一靈不昧，似知非知，非知似知這樣一個境界。由非想非非想定境界，再求上進，「**暫時止息所緣作意**」是第一條件，「**勤修加行**」是第二個條件，才可以漸次能入滅盡定。

「**若諸異生作如是念，諸想如病，諸想如癰，諸想如箭，唯有無想寂靜微妙，攝受如是背想作意，於所念起一切想中，精勤修習不念作意，**

由此修習為因緣故，加行道中是有心住」。

有些異生認為，思想是一種毛病，是個過患，所以自己起心動念都會害怕，認為思想像生瘡又像箭一樣，所以要把思想拋棄，只想求一個清淨，求一個不思不想的清淨境界。以這樣的觀念，而做到自己念頭隨時可以清淨，自己一起心動念，就厭惡拋棄；由這樣的修持，慢慢修習不念的作意，不起念頭，不動心，這種修行叫作修無想定加行道中的有心位。因為他的心有意做到無想，不起思想，不動心，所以這還不算是無心位。

明朝有位理學家，學孟子的不動心，他有一次病倒了，也不吃，也不拉，一身發冷，石頭一樣硬硬的。他是做學問講修養的，練習不動心，儒家同佛家一樣，也有做工夫的。《明儒學案》記載，有一天夜裡，他忽然做夢，看到一位老頭子，相貌非凡，問他：你病好一點沒有？他說好像這兩天好一點。長者說：我不問你身體的病，我問你心病。他說我沒有心病啊！長者說，你怎麼沒有心病？你把心壓制得像石頭一樣。他說這個怎麼是病？這是學古聖人不動心，是我平生得力之處。

長者說：不動心是這個道理嗎？你要知道此心是天機活潑潑的，你硬壓制自己不動心，那是假的，所以你壓制久了，不但心成病，身也病了，這就是毛病啊，你把學問搞錯了。長者自稱為泰山丈人，不知道是儒家還是道家，或是佛家的人，把他罵了一頓。

他聽了這一番話，自己嚇得一身冷汗，十幾年做工夫都走錯了路，現在曉得了，此心是天機活潑潑的。他一生中遇了不少異人，儒家道家都有，所以學問很有成就，成理學家。他佛法也懂，最後成就了。在他要死的時候，是預知時至，無疾而終。可是死後有人在別處曾碰到他，他說是來玩玩的，所以儒釋道三家，功用到達了都一樣。

這是講無想定。所以壓制自心不起念，會變成病態，甚至像石頭那樣的境界，這還是屬於有心位，因為這是有心作到無想的。

「入定無間，心不復轉，如是出離想作意為先，已離遍淨貪，未離廣果貪，諸心心法滅，是名無想定，由是方便證得此定」。

入無想定，此心壓制不動無間，因此他跳出了思想的境界，不用作意了。

你把三界天人表拿來看，他做了幾十年的這種工夫，當這個肉身壞了，他往生哪裡呢？超過了遍淨天，進入了廣果天、無想天的那個天人境界。但仍屬於外道定，這個天人境界離開了「**遍淨貪**」，沒有離開「**廣果貪**」。「**諸心心法滅，是名無想定**」，一切心都不起了，起心動念壓下了，這是無想定。

「**若諸聖者已得非想非非想處，復欲暫時住寂靜住，從非有想非無想處，心求上進，心上進時，求上所緣竟無所得，無所得故，滅而不轉**」。

無心定有二種境界，一者是無想定，剛才已講過，第二是滅盡定，超過了非想非非想的境界。再向上進步，說空嘛！非空；非空嘛！即空，一切自然切斷，而無所得。

「**如是有學，已離無所有處貪，或阿羅漢，求暫住想作意為先，諸心心法滅，是名滅盡定，由是方便證得此定**」。

這樣努力修學，離了無所有處貪，或者證得阿羅漢果，對人世間實在有點厭煩了，不是不來，是請個長假，所以心入滅盡定。

得神通了

「**復次依止靜慮發五通等，云何能發**」。一聽到神通，你們就高興了，神通怎麼來呢？是要修定來的，依定而發神通。神通怎麼發？為什麼叫發通？因為神通是自性本來有的，修定才把它開發出來。

「**謂靜慮者，已得根本清淨靜慮，即以如是清淨靜慮為所依止，於五通增上正法，聽聞受持，令善究竟**」。

這只是告訴你原則，方法沒有洩漏，要你自己去參了。怎麼樣發通呢？已經得了定，得了根本清淨定境界，在清淨定的境界裡，「**於五通增上正法，聽聞受持**」。什麼是增上正法？你慢慢去參，在全部一百卷裡頭，反覆全部研究了，方法就告訴你了，露給你了。但是還比較粗淺，在這裡只給你提一點點，吊一下你的胃口；其實他也有告訴你，要你把一百卷的書，研究得滾瓜爛熟，自然就可以找出方法來了。要把善知識，諸佛菩薩的教導，搞清楚才可以。

「謂於神境通、宿住通、天耳通、死生智通、心差別通等，作意思惟。復由定地所起作意，了知於義，了知於法。由了知義，了知法故，如是如是修治其心，由此修習多修習故，有時有分，發生修果五神通等」。

關於修各種神通，還是先要通理，再通方法，才可能修到神通境界。

「又即如是了知於義，了知於法，為欲引發諸神通等，修十二想。何等十二。一輕舉想、二柔輭想、三空界想、四身心符順想、五勝解想、六先所受行次第隨念想、七種種品類集會音聲想、八光明色相想、九煩惱所作色變異想、十解脫想、十一勝處想、十二遍處想」。

想修得神通，只懂理還不行，這個裡頭有方法的，共有十二個想。第一就是輕舉想，想自己坐在虛空中，慢慢人就可以坐在虛空中了。二是柔輭想，骨節都柔軟，軟得像棉花糖一樣。三是空界想，身空了，與虛空相合了。四是身心符順想，身心合一，飛行自在。五是勝解想，智慧開發。六是先所受行次第隨念想，前生的事都追想得起來。七種種品類集會音聲想，鬼說話，魔說話，都可以聽懂。想學法文，叫一位法國的鬼來教你，法文就通了，什麼文都是這樣。八光明色相想，身心內外一片光明。九煩惱所作色變異想，如找不到情人，就能變出一個情人來，想要什麼樣的，你隨便一想，就變那個樣子站在你前面。乃至你家裡不用請女傭，家裡有客人來，你心裡一想，變出一個女傭，就端茶出來了。道家、密宗都有這一套。如果你在山上住茅蓬，不想有人來打擾，因你有神通了，曉得有人來找你，就在山門外變出一隻老虎，就把來人嚇住，上不來了。如何能做到呢？心風得自在，心氣得自在，才可以做到。

十是解脫想，十一是勝處想，十二是徧處想。這十二想下面都有解釋，你們可以自己研究下去，你要天天觀想，茶几也空了，牆壁也空了，砰！人就進去了，但不會把額頭撞一個包，修禪定方法都教你這樣做。美國現在就有一個人在那裡表演，人坐在那裡，用心想，把東西搬過來，這是搬運法。你們不要亂想，不要亂搞，聽歸聽，亂想亂搞，想出神經了，我也救不了你。

要注意他的「**己得根本清淨靜慮**」這句話，前面已經說過，就是要先得到根本清淨定的境界，才能修神通。所以經文要深入研究才可以，搬運法也是靠定的念力才能修成的。

第十九講

有一件事，是關於作人處事的道理。我們這裡同學，服務是很周到的，到我那裡把手巾、茶杯早二十分鐘就拿上來了，任務就算了啦。但是在二十分鐘這個中間，我要喝茶，茶杯也找不到，手巾也找不到。在下面的老同學也是這樣，很早就把它拿上來，找個好位子自己坐下來等上課。你們那個腦筋到底怎麼了？作人做事都作不好，還學什麼佛啊？那學的是糊塗佛，都是糊里糊塗。「事師儀軌」你們也看了嘛！學了半天，出去都是要為人師表的，現在當學生的資格都不夠，那不是笑話嗎？這是一件事，大家多注意吧。

還有，《禪祕要法》這次要詳細講，算不定這個禮拜課講完，下個禮拜就講。不過，真正要修持的人來聽，不公開的，不只是真正修持的人，還要磕頭、供養。我對你們太方便了，你們反而輕視了法，這樣就沒有用了。聽課的時候都要打坐聽，要坐兩個鐘頭，坐得住的就來聽，坐不住就不要來。

而且不能用錄音機，平常不留心，過後再聽錄音帶，是機器聽還是耳朵聽？媽媽給我們一對耳朵，不好好聽，靠機器有什麼用？那不如弄個機器開悟成佛，多好！都是搞空事，看見就令人煩，學是智慧之學，不是搞別的事情。

現在還是講卷三十三無心定的兩種，在八百四十九頁上，修神通的十二想，我唸過去，不懂就要問；不要過後再問，又說都聽不懂。

修神通的開頭兩步

第一「**輕舉想者，謂由此想，於身發起輕舉勝解，如妬羅綿，或如疊絮，或似風輪，發起如是輕勝解已，由勝解作意，於彼彼處，飄轉其身，謂從牀上飄置几上，復從几上飄置牀上，如是從牀飄置草座，復從草座飄置於牀**」。

「輕舉想」，人身可以凌空飄起來。（同學問：輕舉想是坐在那裡想呢，還是自己真的這樣飄起來？）是自己作意飄起來，這是修神足通，神可以凌空的飛起來。武俠小說上的「踏雪無痕」、「蜻蜓點水」，那還是輕舉最初的。人最後修成功可以在虛空中走路，叫作輕舉，身體舉了起來。我每次要你們不懂就問，結果你們聽是聽過了，一個一個愣頭愣腦，都沒有懂，但也不會問。現在學生怎麼那麼乖？又不懂，又不問，你不是浪費時間嗎？這個文字是很容易懂，但是深入很難。

這一部分都是修神通方面的，輕舉就是飛空，像佛殿的壁畫，不是有飛空的天女嗎？輕舉想就是這個飛空。「**謂由此想，於身發起輕舉勝解**」，注意這一句話，我再重新加重的唸一遍，你們懂了吧！這又是祕密法了，不是你心裡想而已，你雖然心想，但是身體並不飛昇啊！因為這是作意來的，觀想來的。

但是身上氣脈沒有通，你想是想，身體還是飛不起來。文字上神通是這樣修的，可是這個裡頭有方便法門，他沒有講，「**由此想，於身發起輕舉勝解**」這句話，他是說「**於身**」，不是說「於意」。這就要注意了，讀佛經不能馬虎的，每一個字都要小心，不要以為文字懂了，就算看懂了。換句話說，這裡就是打個問號，就要求法了，怎麼樣是「**於身發起輕舉勝解**」呢？當然你沒有得定以前，修這個神通也沒有用，也修不成，不過告訴你是這樣修的。

他是說，自己發起了輕舉，再作輕舉勝解意，自己把身體想成如姤羅棉，印度的一種很輕的棉花一樣。這並不是說沒有身體，還是有這個身體，不過身體已經變成姤羅棉一樣的輕了；或如疊絮，像一堆柳絮一樣；或者把自己身體觀想成氣泡、氣球，飄空了；或者像一陣風一樣。能夠發起這樣的輕舉想，輕功勝解已經做到了，由於勝解作意，把身體變得那麼輕靈，飄起來了。

先前修禪定的工夫，得輕安喜樂，捨念清淨，再進步到這裡，得到了四禪八定，但不一定有神通。有些羅漢沒有神通但得了道，道是道，神通是神通。有些羅漢有道也有神通，這種神通有的是報通，就是前生，或多生多世以前已經有神通的修行成果，所以他一得定，本身就發起神通，不必去修。又有的人是修通，得了道也得了定，由這個定才開始修，最後修得了神通。

剛才給你們講的這些，都是修的方法和原則。如果這樣作意成功了，修到身體如棉花一樣的輕靈境界，他的身體是柔軟的，柔若無骨，是有骨頭的感覺，但已經像棉花一樣的柔軟了。到這個境界再練第二步，坐在這裡，把自己飄到窗邊的桌子上，意念一想，這個身體就像棉花一樣飛過去了。然後想到這裡玩玩，就能坐到這裡來，盤腿坐也可以，站著也可以，想到哪裡就到哪裡。「**草座**」就是坐在蒲團上，再飛到床上也可以，這是第一個輕舉的修法，這只是講原則，方法在哪裡？方法的祕密也在當中。

把報身修成這樣，也是唯心所造，不是不唯心所造，要把這個理論弄清楚，佛法是唯心所造。現在你們大家的身體，就是軟不了，胖子想要變瘦，連想瘦都不會想，也想不起來，變不了，觀不起來。然後就想修神通，天天坐在那裡想，飄起來！飄起來！那不想成精神病才怪呢！因為連身上氣脈你還沒有修成，修定也沒有成功，還妄想修神通，怎麼可能？

第二「**柔輭想者，謂由此想，於身發起柔輭勝解，或如綿囊，或如毛毳，或如熟練**」。

這是於身發起柔軟的勝解，是勝解，不是作意。勝解是理路，道理，最高的道理要研究清楚，像白骨觀，生理學上的骨節，每個地方都要觀清楚。譬如中風似的耳朵嗡嗡叫，耳朵有耳膜，每個部位都搞清楚，為什麼嗡嗡叫？找出原因。然後打起坐來，一定，一感覺，知道它的原因，然後要用氣，或者地水火風……其他的方法觀想，而能把它打通，而且也真把它打通了。這個理論要研究清楚，叫作勝解，勝就是最好的見解，所以修不是盲修瞎練，身體的勝解先要了解。柔軟想也是這個樣子，懂得了這個理，理通了而起修。

把身體想成一個絲織品，只有一張皮，裡頭是空的。或像「毛毿」那麼軟，或是像「熟練」，就是綢子。練是絲綢，古代絲織品，很薄很薄，裱畫用的邊也叫絹，比絹還要薄。絲織品有綢，有錦緞，練是最薄的一層，生的練還硬一點，熟的練是煮熟過的絲，很軟很薄，身體要軟得像「熟練」這樣。這個身體為什麼要修柔軟想呢？因為要身體柔軟，像武俠小說叫的縮骨功，連小小門縫都可以進去。

佛涅槃以後，阿難還沒有開悟，但是佛所說的法，都記在阿難腦子裡。後來五百羅漢結集，非阿難來不可；可是阿難沒有悟道，五百羅漢都是得了道的。迦葉尊者對阿難說，我們可以等七天，你七天開悟了就可以進來，不然沒有資格進來。五百羅漢入定等他，他在外面下了狠心，精進用功，七天開悟了，就來敲門。迦葉尊者說：你進來啊！門沒有開，但他進去了，就是神通自在。所以柔軟想，是由一個小門縫就進去了；空界想，是沒有門縫也可以進去，山河牆壁都不能障礙，一想就進去了。阿難一進來，五百羅漢就恭喜他，在結集場合，悟了道才可以說話，因為他自己也求證過，對佛說的法，說出來不會錯了。

「**此柔輭想，長養攝受前輕舉想，於攝受時，令輕舉想增長廣大**」。

因為要身體飛起來，同時也要柔軟，而「**長養**」就是幫助前面所說的輕舉想，保養它，使飛空的工夫更增長。你如果會飛空，但沒有柔軟想，萬一從空中掉下來，人不是摔斷了嗎？因為柔軟想，所以空中掉下來沒有關係。這也是使輕舉想加大，飛得越高了。普通修到這樣，多半都還在地球氣層內飛的境界；要飛出地球氣層以外，是要另外修過，那就與到太空是同一個物理道理。如果超過地球以外，游離子層一旦脫開，任何肉體都化得無影無蹤了。過去中國叫罡風、罡氣，人碰到罡風罡氣就完了，連骨頭影子都沒有了，不是燒化，而是就沒有了。

你現在爬到最高的山上，如果缺乏氧氣就不得了啦，學過飛行的就知道，到了最高空，只要幾秒鐘沒有氧氣，頭髮就統統掉光；再久一點，再過一下子，什麼都毀壞掉。我們是完全靠空氣而活著的，你要飛過這個地球以外的話，則要另外一套功夫了，要真神通，這都是事實。佛經是講求證的，平常講什麼性空啊！緣起啊！你起也起不了，空也空不了。所以剛才那位同學以文字來解說，也沒有錯，但不夠深入，不過這種說法，出去當法師有資格了。現在一般法師就是這樣，過去法師也不過如此，都是依文解義，根據文字解釋而已。修證佛法只根據文字解釋是不夠的，佛法經典是個記錄，是佛當場對弟子們的說法和講話，告訴弟子們怎麼修持，而且必須聽懂真義，才知道如何去修。

空界想　身心符順

第三「**空界想者，謂由此想，先於自身發起輕舉柔輭二勝解已，隨所欲往，若於中間有諸色聚能為障礙，爾時便起勝解作意，於彼色中作空勝解，能無礙往**」。

我剛講過空界想，山河牆壁都沒有障礙。修到這樣時，想到地球中心玩，想到龍宮去玩，一念就下去了，水也沒有障礙你，河也障礙不了你；就像阿難一樣，悟道了，門沒有開就進去了。阿難上台說法「如是我聞……」就是阿難當時聽到佛是這樣講的……說完了，大家記錄下來，再問五百羅漢有沒有錯？大家同意就通過，這就是結集記錄的佛經，所以每一本經前面都加「如是我聞」四個字。

這個空界想，就是去掉物理障礙，才能修神通。開始修這個想的時候，「**先於自身**」，就是自己這個身體，發起輕舉、柔軟兩個勝解，要理論和工夫都做到才行。這是要點，不能含糊不清，所以我也在考驗你們讀書留意不留意，讀佛經更要留意。像你們吧，我發覺你們的身體硬得很，粗重得不得了，粗重就是業力，就是笨重，骨節腦筋都笨，這就是業力重。

如果自身發起了前面那兩項輕舉和柔軟，「**隨所欲往**」，想到阿里山的中間去看一下，就鑽到裡頭去看了，或許山中間有珍寶，都可以把它抓出來。但修到了這個時候，珍寶都不想要了，玩玩就玩玩。「**若於中間**」，譬如你想到山中間去，而中間有一塊比金剛鑽還硬的地方，你鑽不進去。「**諸色聚**」就是礦，地球上有很多礦，尤其在台灣，太平洋邊上，像花蓮、台東有許多礦。

當你要進到中間，被硬的礦物質障礙了，這個時候必須起勝解作意，你要把理通了，「**於彼色中作空勝解，能無礙往**」，碰到諸色聚障礙住的時候，一念一定，把它觀空了，身體照樣可以進去。覺得像一陣風就飄過去了，這個時候身體也空了，色聚障礙也空了。天眼通的人看這個山就像玻璃似的，是透明的。阿里山在天眼通定中一看，可以看透，山的任何一面都可以看到，一點也沒有障礙。所以山也空，身也空。「**空界想**」這個想，不是凡夫的思想，你不要亂想，亂搞；亂搞發了神經，我不負責。

第四「**身心符順想者，謂由此想，或以其心符順於身，或以其身符順於心，由此令身轉轉輕舉，轉轉柔輭，轉轉堪任，轉轉光潔，隨順於心，繫屬於心，依心而轉**」。

身心符順就是身心和順，我們現在雖然在學佛，也學打坐，身心並不符順。我們研究自己的身體和心，心裡想不要生病，而這個身體四大天天生病；等到身體健康一點，煩惱情緒又來了，身心不和順，不和合，不符合。

但是一般人不曉得心與身是分開的，是兩回事，一般人是很昏頭的，這必須要做工夫，稍稍有體會才可能曉得。身與心這兩兄弟，不是心理出毛病，就是身體出毛病，身心不能符順。如果身心符順，就是身體也可以控制了，心也可以控制了。怎麼修呢？這是修神通之一；這當然是神通，因為心符順於身了。

譬如修止，修一個法門，修安那般那，修到最後隨息觀，就是心息相依，心就要依附於氣。但是你們不到兩三下，氣還是在呼吸，心就跑掉了，對不對？它們兩個不能配合。要身心完全配合，也就是心與氣配合，呼吸就不動了，心也配合不動了。在這個時候，身體慢慢轉變，所以「**以其心符順於身，或以其身符順於心**」。要曉得身是大原則，由地水火風四樣構成，以這四大色身來配合於心，硬是把心定住了，呼吸不往來了。所以能夠做到身符順於心，心就能控制了，做到了身心合一，心氣合一。這個氣是代名辭，不是呼吸之氣，是心風能夠自在。

這樣使身體「**轉轉輕舉**」，轉轉是形容辭，一層一層，所以道家也用「九轉還丹」，一步一步進轉，身體越來越輕盈，可以飛空了。「**轉轉柔輭**」，身體越來越柔軟。「**轉轉堪任**」，這個肉身可以擔當一切，起神通作用。如果這個時候說，我發願活一千年，當然還做不到，還不能堪任，因為那又是另外一種修法。什麼是「**轉轉堪任**」呢？譬如我這個手掌，假使前面有一個巨石，有一萬斤重，就算壓下來，這個手也不會壞，是能這樣的堪任。但是此身要留住活個五百年，或者永遠活下去，像迦葉尊者一樣，在雞足山入定，等彌勒佛下生，你還沒有這個本事，因為那還有另一套的修法。

此身「**轉轉光潔**」，臉上、身體上光滑又柔軟，有光明相，光潔乾淨，一點渣子都沒有。像我們一般人身上有很多的渣子，女性的月經、大小便、眼屎、鼻涕，很多髒的東西，修到這個時候都沒有了，身體光明清潔。「**隨順於心，繫屬於心，依心而轉**」，心想把身體怎麼變，就可以怎麼變；這個時候入定，不一定是打坐，就算是倒立蓮花，頭在下面，說要入定就入定了。據說有一位禪宗祖師，就是倒立而死，頭頂在地上，衣服並沒有下垂，這是身心合一。

得了神足通

第五「**勝解想者，謂由此想，遠作近解，近作遠解，麤作細解，細作麤解，地作水解，水作地解，如是一一差別大種，展轉相作，廣如變化，所作勝解，或色變化，或聲變化**」。

前面不是有輕舉勝解，柔軟勝解嗎？這裡怎麼又來個勝解想呢？由於前面這四層的神通勝解，觀想成功了，定力修到了，就可以破除時間和空間的觀念。現在晚上八點多鐘，紐約天亮了，我有朋友住在紐約的，還在床上睡覺，我手一伸，就可以把他的床拿到這裡來。還可以拍拍他，叫醒他，遠可以近，近可以遠；空間可縮小，可放大；水可以變火，火可以變水。地水火風可以轉變，可以把地變空，把空變出地來；或者把色相變成聲音，或者把聲音變成色相，就是心風自在，念一動就可以變出種種的變化。

換句話說，你假使在山上住茅蓬，工夫已修到了這個程度，有朋友上山來看你，但你不想見客，於是你意念一動，變成一隻老虎在路邊，把他嚇得不敢上山了。人說是龍虎護法，實際上龍虎是你意念神通變化出來的，心風自在，一變就出來。有時或者依物而變，手帕一丟，就變出一座山；你那個朋友，剛上到山口，看不到路，以為走錯了，只好回去。

所以為什麼我們世俗人找菩薩，找得道的人找不到呢？不會見你的，你沒有這個功德這個智慧，你是老幾啊？所以見不到的。因為他有這五種想，輕舉想、柔輭想、空界想、身心符順想、勝解想，他有神通變化。

「由此五想，修習成滿，領受種種妙神境通，或從一身，示現多身，謂由現化勝解想故；或從多身，示現一身，謂由隱化勝解想故」。

把這五種變化「想」修練好，修持成功了，可以有種種的神通，這裡叫作「**神境通**」，也就是五通中的神足通。示現很多個同一身相的我，也許一千個坐在這裡，或者把幾千個人變為一身，或者把自己化成千百萬億，也可以隱身，使你看不見。隱身是人坐在這裡，但是看不見，只看到一張椅子；或者把自己變成一個枕頭，或變一個眼鏡擺在這裡。你發現這個人不見了，只好走了；當然你不能把眼鏡帶走，那樣他就在你口袋裡做怪了。

「**或以其身，於諸牆壁垣城等類，厚障隔事，直過無礙。或於其地，出沒如水。或於其水，斷流往返，履上如地。或如飛鳥，結跏趺坐，騰颺虛空。或於廣大威德勢力，日月光輪，以手捫摸**」。

有神境通的，或穿過山河牆壁沒有障礙，土地裡出入，像在河裡游泳一樣，無礙自在。或過河時，手一指把水分開了，就從河床上走過去，或者在水面上走過去。或者雙腿盤坐在空中飛一圈，木訥祖師就玩過這個，在空中飛翔。乃至高興起來，跳到天上，手摸日月，把太陽月亮，當成乒乓球一樣玩玩；或者太陽邊上有黑點，你跑上去把黑點抓掉，丟開了。（同學問：這個時候超過罡風了嗎？）這個時候早過了。

「或以其身，乃至梵世，自在迴轉」。

這個身體可以到色界天了，這叫神足通，到了色界天，也可到梵世，自在迴轉。

「當知如是種種神變，皆由輕舉、柔輭、空界、身心符順想、所攝受勝解想故，隨其所應，一切能作，此中以身於其梵世，略有二種自在迴轉」。

由所說的幾種想，就可以修到這個程度，隨時可以上天去玩玩，不要買飛機票，也不要辦出境證，隨時可以到梵世，梵天上去玩，超過了玉皇大帝那裡，到色界天去玩就要有這種神變，並有二種自在迴轉。

「一者往來自在迴轉，二於梵世諸四大種一分造色，如其所樂，隨勝解力，自在迴轉」。

進入到梵世去有二種自在迴轉，第一種，只要一念動，要進入梵世就進入了，要回來就回來。第二種，此身也無所謂飛上飛下了，到了梵天上面，已經不是欲界四大之身了，沒有人境的觀念了。色界我們覺得很遠，他一下就拿來了，就在面前了，等於用手去拿杯子一樣方便。所以佛經上說，佛在世的時候，大家要看他方佛土，佛用手那麼一端，十方各個佛世界，如掌中菴摩羅果，大家都看見了；然後又把它送回去。那個世界被佛拿過來，給大家看的時候，那個世界的人並沒有感覺，大家照舊好好的生活在那裡。

這是什麼神通呢？由勝解力，有理、有事，是定慧的功德修到這個程度的。所以他說進入梵世天，「**隨勝解力，自在迴轉**」：梵世天有他的四大種，有他的物理世界，不同於欲界世間的四大種物理世界。「**一分造色**」，是把自己的身心，意念一動，造成功一切，跟梵世的物理世界一樣，就是唯識所謂的「法處所攝色」。「**如其所樂**」，你的意念愛怎麼變就怎麼變，比較的說法，就是心風得自在那樣。這一段是說初步的神足通。

宿命通的境界

第六「**先所受行次第隨念想者，謂由此想，從童子位迄至於今，隨憶念轉，自在無礙**」。

大家要注意「**受行**」兩個字，是五蘊中的受蘊和行蘊，要把這兩種功能修好。這兩個字眼是要點，要特別注意，尤其將來出去作法師的更要特別注意，帶領大家，說法一字之差，成五百年野狐身，就叫作野狐禪。所以要注意，經文上每句每字都不能馬虎的。現在講了半天的神通，這神通是唯心所變的，都是受蘊的作用所變的。不要認為受蘊是壞的，這五蘊都是一心的作用，所以把受蘊一變過來，就起神通境界的功能，叫作神而通之。

這是宿命通，修這個想，就要參念頭，正思惟，在定的境界追想。回想我自己在十一二歲還沒有學佛時，就已經知道做這個工夫了。小時候讀書，一邊走路，我會忽然呆住站在那裡；我在想，奇怪，我自己剛才是想什麼？怎麼會想到這裡來？譬如想到吃糖，回家去拿糖時，我就站住了，我剛才是想什麼？怎麼會想起糖來？我會倒回去想，在想糖以前是想什麼？是想這個。這個以前我想的又是什麼？哦！想書中的某一段理……很多很多，一直推問下去，我都呆住了。人的思想很奇怪，我一下下想得那麼多，倒轉的去推，那個時候我還沒有學佛修道。所以要想有宿命通，自己前生是什麼？多生多世作過什麼人？變過什麼？就是用這個方法。

像你們坐在這裡，你想想看，你早晨第一個念頭想什麼？早就忘了，你們背書也背不來，讀書也沒有這個本事。所以我到現在有時書背不來，我靜一下，一想，那本書是什麼封面？什麼顏色？然後第幾頁第幾行，就出來了，就背來了。其實我不是背書，是心意識中的影像出現，在你問到我時，我心中就呈現了那本書第幾頁第幾行的那個字。就是這樣追想回去，懂吧？所以你們這樣一來，記憶力也強了，思想也清明了，心念也不亂起了。

本書這裡講：「**從童子位迄至於今，隨憶念轉，自在無礙**」，想小時候的事，慢慢回憶就憶起來了；當然還是先要修定，不然會想得精神錯亂的。慢慢回憶，乃至回憶到我怎麼投胎，怎麼出胎，前生的事都知道了。宿命通是這樣修來的，是由念來的，不是空念呀！這一點祕密告訴你們。如果搞空念，你怎麼可能曉得宿命呢？你昨天的事都忘記了，還有什麼可能得宿命通？所以平常一定要自己研究經文，自己看。

大家注意，修神通這一段，聽過以後就把它放在一邊，記住了就是，不要亂學，學不好的。學成了神經錯亂，不要來找我，我是沒有辦法的，因為無藥可救，所以不要亂搞。先要把前面那些工夫，那些真正的見地，真正的定境，都求證到，也就是真正用得道羅漢所修的方法去修。不但這本經典這樣說，很多經典都明白告訴你這個修法，尤其許多禪定的經典上，都講過宿命通的修法。追憶，慢慢憶念，但不是用妄念追憶，而是在四禪八定的定境界憶念。如果到了定的境界，一念，一追憶作意，就統統知道了，這個人前生同你什麼關係都清楚了，這就是宿命通。

如果這個人前生是狗或豬，或者前生是你爸爸媽媽，或者前生是你冤家啦，親人啦，這時候都很清楚了，這就是宿命通。我有一個朋友說，假使曉得前生是狗，吃過大便，現在想起來都會吐，多難過呀！我寧可不要宿命通。

這話也有道理。

當清楚了解宿命通之後，就了解生命的前後變化，世界上的確是冤親平等，沒有什麼差別和了不起。所以家人，不是冤就是緣，就像《紅樓夢》上的兩句話，「不是冤家不聚頭，冤家聚頭幾時休」，沒有休了的時候，除了空。

「隨彼彼位，若行、若住、若坐、若臥，廣說一切先所受行，隨其麤略，次第無越，憶念了知，於此修習，多修習故，證得修果，於無量種宿世所住，廣說乃至所有行相，所有宣說，皆能隨念」。

不但這一生，連過去生住在哪裡？做過什麼事？好的壞的都知道了；過去講過什麼話，都可以回憶起來。所以我們才曉得自性本體不增不減，假如我們追憶過去，忘記了，那個自性就有增有減了。所以大家讀了書記不得，不能怨自己笨，是你業力的關係，無明無記業太重。所以書讀了半天，字也寫不好，書也記不得，文章也寫不好，話也說不來，都是白學的，都在無記，一團無明中。這是講修神通，有關過去的宿命通。

天耳通和天眼通的修法

第七「**種種品類集會音聲想者，謂由此想，遍於彼彼村邑聚落，或長者眾，或邑義眾，或餘大眾，或廣長處，或家或室，種種品類諸眾集會，所出種種雜類音聲，名諠噪聲，或於大河，眾流激湍波浪音聲，善取其相，以修所成定地作意，於諸天人，若遠若近，聖非聖聲，力勵聽採，於此修習多修習故，證得修果清淨天耳，由是能聞人間天上，若遠若近，一切音聲**」。

天耳通的修法，打坐時先用耳根，像修觀音法門，聽到一切音聲，一念清淨，但是不要去注意；注意就是妄想，腦子會受損的，耳朵會聽聾的，或者神經受損。在定境中那個聲音，自己慢慢聽，愈清淨愈無聲。許多修道的人，都在山邊林下，尤其在溪流邊上，聽風聲、水聲。溪流有很多種，有些溪流水聲很優美，大陸上有些溪流，比音樂還好聽。在溪邊擺個蒲團，坐在上面，開始還聽到聲音，慢慢再聽，外來聲音沒有了，一切音聲都聽不見了。

聽不見的時候，忽然要聽就有聲音，不聽就沒有聲音，乃至聽山外的聲音，聽都市中的聲音，家裡人講話的聲音……慢慢聽到諸天的人、非人，天上人間，乃至菩薩諸佛的說法聲。你坐在這裡，自己就是收音機，聽得清清楚楚，這叫天耳通。人間天上，若遠若近，一切音聲都聽到了。

第八「**光明色相想者，謂於如前所說種種諸光明相，極善取已，即於彼相作意思惟。又於種種諸有情類，善不善等業用差別，善取其相，即於彼相作意思惟，是名光明色相想。於此修習多修習故，證得修果死生智通，由是清淨天眼通故，見諸有情，廣說乃至身壞已後，往生善趣，天世間中**」。

這是講天眼通，前面所講此身的光明，是四大由白骨觀，化成光，由光則隨欲所變，各種光都出來了，乃至佛的各種光明。要作意思惟這個光明之相，先修一切光明想。譬如作日輪觀、月輪觀、白骨觀等等，真的光明生起來了，光明還要化空。緣起性空，性空緣起，生起次第做到了，歸到圓滿次第；圓滿次第做到了，又歸到生起次第。隨欲作用，一切光明想，一想就成就，就可以得天眼通。有天眼通就證到「死生智通」，就是死後到哪裡投胎，以及如何去天道中投胎，都看得清清楚楚。眼通證到了，可以看到將死的人，雖尚活著，已經投胎了三分之一，有人將變畜生的話，尾巴已經長出來了，都看得清清楚楚。

神通是不准用的，神通用了不得了，不只是犯戒，你自己就不得了。天眼通到了最高處，天上人間一切事，就如電視機一樣，那個開關一按，自己就進入那個要進的光明定，什麼都看見了。

修成了他心通

第九「**煩惱所作色變異想者，謂由此想，於貪恚癡忿恨覆惱誑諂慳嫉，及以憍害無慚無愧，諸餘煩惱及隨煩惱，纏繞其心，諸有情類，種種色位，色相變異，解了分別**」。

說到神通，其實我們凡夫都有的。所謂「**煩惱所作色變異想**」，就是心裡有煩惱，臉上就表現出來了，動作也出來了，這種神通大家不修就有，個個都有。比如說，由於貪心起了，那兩個眼睛滴溜溜的，在街上看到燒餅好吃，貪相馬上呈現出來。「**恚**」是討厭一個人，那個臉色就看出來了。「**覆**」是逃避，講錯話或做錯事，臉都紅了，還說沒有沒有，那就是蓋覆；然後還諍辯，強辭奪理說一大堆道理來掩飾，蓋覆自己的缺點。

「**誑**」是說謊話，說大話。「**諂**」不一定是拍馬屁，故意講好聽的話給你聽，所謂增加你的自尊心，安慰你，讓你安心，其實都是犯了諂媚的煩惱。乃至「**無慚、無愧**」，這些煩惱在《百法明門論》裡頭都有，是很明顯的心理狀況。還有一些隨煩惱，你自己也檢查不出來，那是隨著根本煩惱而來的。不但人如此，乃至狗貓，都看得出來「**種種色位**」，種種形色，眼色、肉體色相等等。「**色相變異**」，色相就是面貌、身體，身體為什麼變了？為什麼得癌症？不論什麼病，都是果報來的，唯心來的。你們要注意啊！「**解了分別**」，一望而知，一看你就明白了。

「**如是色類，有貪欲者，有色分位，色相變異，謂諸根躁擾，諸根**

掉舉，言常含笑。如是色類，有瞋恚者，有色分位，色相變異，謂面恆顰蹙，語音謇澀，言常變色」。

一切眾生四大還在，就叫作有色分位，色就是地水火風，肉體還存在，就是地水火風還在，就是有色相可得，有色相的變異。

因為有些貪欲等等的心念之故，一個人心理起作用時，六根就有變化了。譬如說出家人不要亂看，要端端正正的；但是實在很想看，偷偷瞄一下，這樣來一下，六根就動了。雖然心還沒有亂，六根先掉舉起來，講話態度就不同了。又因為貪心起，「**言常含笑**」，想把人家的東西騙到自己這裡來。就如店員一樣，對顧客說「這個東西好呀！喜歡嗎？很便宜呀」，就來了，「**言常含笑**」，這個就可以看出來，是貪心起來了。

有瞋恚心的，那個臉上，討債的面孔就出來了，臉色發青，額頭皺起，一發脾氣講話聲音都變了，臉色也變了，一看就看出來了。

「**如是色類，有愚癡者，有色分位，色相變異，謂多分瘖瘂，事義闇昧，言不辯了，語多下俚**」。

愚癡的人也看得出來，聲音不對了，跟他講道理，他會亂說一通，世界上正理只有一條，他的歪理就有萬條千條，他會講很多的歪理。我常說，有很多朋友們，跟他們講一件事情，主題都掌握不到，他已經說了一大堆理由了。常常碰到這樣的聰明人，實際上他是事理搞不清楚，「**言不辯了，語多下俚**」，講話也粗里粗氣。

「**由如是等行相流類，廣說乃至無慚愧等所纏繞者，有色分位，色相變異，善取其相。復於彼相作意思惟，於此修習多修習故，發生修果心差別智。由此智故，於他有情補特伽羅，隨所尋思，隨所伺察，心意識等，皆如實知**」。

對於他人各種行相的表現，多加分析了解，這樣練習、修持，他心通就來了，別人一起心動念，你這裡已經有感應，知道了。上面舉的例子，世間的人講話，他心理一變，臉色就變了，不但修持的人是如此，一般人也都看得出來，只不過他心通是功力較深的層次。所以他心通修到的人，你不要講話，在他前面一站，他已經知道你想要講什麼了。有人在外國死去變鬼，但心中想什麼，他心通功力深的，立刻就知道了，這就是他心通。

得道人的神通　外道的神通

第十、十一、十二「**解脫、勝處、遍處想者，如前三摩呬多地，應知修相，由於此想，親近修習，多修習故，能引最勝諸聖神通，若變事通，若化事通，若勝解通**」。

在天眼、天耳、他心、宿命、神足，這五通都成就之後，最後是漏盡通，智慧的成就。前面三摩呬多地，就是三昧定慧等持的境界做到了，自然發起「**諸聖神通**」，就是漏盡通；是聖人境界，神而明之，神而通之。所以開悟證道的人，沒有讀過的書，拿來一看都懂了，就是漏盡通的勝解神通。古人許多得了道的，沒有作過詩文的，一得了道就會作詩作文了，這就是勝解通，一切都會了。

「**及能引發無諍願智，四無礙解。謂法無礙解、義無礙解、辭無礙**

解、辯無礙解等，種種功德」。

像須菩提一樣得無諍三昧，無諍就是沒有諍論。你講空也對，你講有也對，那不是故意對，是真把空的理懂透了，再懂得了有；把有的理懂透了，又懂得了空，悟到了空。都對呀！因此無諍，不生不滅的果上沒有諍論，一切法到達沒有障礙。所以一切道理到他那裡，沒有解決不了的，辯才無礙，言辭表達，一切清清楚楚，都無礙了，都成就了。

「**又聖非聖二神境通有差別者，謂聖神通，隨所變事，隨所化事，隨所勝解，一切皆能如實成辦，無有改異，堪任有用**」。

聖人境界的神通，與非聖人境界的神通，是有差別的。非聖人有神通嗎？有呀！雖沒有悟道，可是他禪定工夫到了；禪定是共法，他雖沒有悟道，沒有證得菩提，可是他得定了，得了定才可能引發神通。所以外道也有得神通的，其他宗教中的特殊修行信徒，也可能得些小神通。譬如有些宗教徒的禱告，他說聖靈降體，那個是禪定的一點點境界，不過他解釋為聖靈。所以非聖者也有少部分神通，或相似神通，因為五通與定境是聖與非聖的共法，所以五通並不稀奇。修瑜珈術、催眠術，外國有很多預知未來的人，那都是報通，由業報得來的。

得道聖人的神通，一切變化自在，都能夠實實在在的做到，而且不會變動，因為他認清楚了真理，所以不會變動，神通也是實在有用的。沒有得道的人的神通有沒有用呢？也有用，這個有用，是神通對菩提道、善法而言，是有用的。

「**非聖神通不能如是，猶如幻化，唯可觀見，不堪受用**」。

得道聖人的神通，比喻來說，等於出陽神，他變化一杯茶來給你喝，你喝時是真的茶，燙就是燙，冷就是冷，喝下去有病能夠治病。非聖的神通做不到，因為他的神通是幻化的，一杯茶喝進來，不是真的茶，沒有東西的。就像你做夢，夢到吃東西，你也覺得很飽，醒來似乎還有味道，不過腸胃還是空的，對不對？這就是非聖神通，是普通人的神通。

「**當知如是十二種想，親近修習多修習故，隨其所應，便能引發五種神通，及能引發不共異生，如其所應諸聖功德**」。

如果這十二種想修成功的話，就能引發五種神通，及「**引發不共異生**」。什麼是「**不共**」？就是不共法，也就是道、般若、阿耨多羅三藐三菩提。什麼是「**引發不共異生**」？就是引發他得道成聖。如果這十二種想，部分修到有了神通境界，鬼神都可以與你溝通了。那是真的，到了這個境界，你說我要打坐了，護法神你給我護個法吧！不要讓人進來，他就給你護法，當然你看不見。

十二種修神通想，只告訴你原則，原則都懂了吧？你們聽了大概都心嚮往之，我希望你們好好修持，不修持是沒得用的，佛學都搞不清，修持的影子都沒有，還說什麼神通？

什麼人會生天界

「**復次此中於初靜慮下中上品善修習已，隨其所應，當生梵眾天、梵輔天、大梵天，眾同分中**」。

三界天人表拿來對一下看，得到初禪的人，死後可以生到色界；初禪又分下中上三品，梵眾天、梵輔天、大梵天，屬於色界。生到色界後，**「眾同分中」**，與那些天人一樣，也變成天人了，在六道裡屬於天道。

「於第二靜慮下中上品善修習已，隨其所應，當生少光天、無量光天、光淨天，眾同分中。於第三靜慮下中上品善修習已，隨其所應，當生少淨天、無量淨天、遍淨天，眾同分中。於第四靜慮下中上品善修習已，隨其所應，當生無雲天、福生天、廣果天，眾同分中」。

得到二禪或三禪的人，也都有上中下三品，各生色界各天，而得四禪的人，生色界無雲天、福生天及廣果天。

色界天的廣果天屬於凡夫天，凡夫怎麼能夠生到廣果天呢？所謂凡夫天，是修到至善的凡人，心很清淨，也接近於定，所以能生天。有些外道，修持到最後，雖然不悟菩提性空真理，而他的功德是一樣的，也可以生到廣果天，所以色界天裡這一層是屬於凡夫天。大家不要小看別的宗教徒，或外道，他們也可能修得色界天人的果報，我們自稱學佛，還不一定能做得到呢。

注意！這只講禪定的工夫，沒有講到智慧，這只是天人果報。你們打坐，修到了四禪八定，不過是天人的果報而已，可是也不錯了。這天人果報談何容易啊！像你們男的女的，修定修到了，變成了男天人的，一個天人都有很多天女相配，越是戒律精嚴，果報越大，是屬於十善業之果報。當然也有女眾天，配屬的男眾也很多。這個道理你們可以查本論有尋有伺地。

「若不還者，以無漏第四靜慮，間雜熏修有漏第四靜慮，即於此中，下品、中品、上品、上勝品、上極品，善修習已，隨其所應，當生五淨居天，眾同分中。謂無煩、無熱、善現、善見、色究竟天」。

住色界不還者，是不還果，不再來人間了。不還天有五天，即無煩、無熱、善現、善見、色究竟天，是小乘三果聖人所居，又稱五淨居天。這是第四靜慮，無漏以及仍間雜稍微有漏的果位。有漏是有意去修的，因為在八十八結使中，稍微還有一點點存留未盡，故稱有漏；無漏是完全無意無心的境界。

「若於空處、識處、無所有處、非想非非想處，下中上品善修習已，

當生空處、識處、無所有處、非想非非想處，隨行天眾同分中。由彼諸天無有形色，是故亦無處所差別，然住所作有其差別。於無想定善修習已，當生無想有情天，眾同分中」。

空處、識處等屬於無色界，無色界的天人境界，連光影都沒有了，所以無國土，無定位。可是無色界的眾生也有差別，這個差別是修持的功力，和善行功力的差別。無想定修好，可生無想天，仍屬色界天。

「復次此中云何應知離欲者相。謂離欲者，身業安住，諸根無動，威儀進止，無有躁擾」。

現在又回轉來再講離欲的重要，我們修道第一個要修到離欲，「皈依法，離欲尊」，什麼叫離欲呢？比丘戒，三千威儀要做到，所以笑不露齒，走路要規規矩矩，不准左右亂看，比丘威儀進止，無有躁擾，要做到這個樣子；受戒就是要遵守這些規律，因為還未修到定。修行要想得定，先要從外形開始，先把外形規範好，才能進入內部，所以說由戒才能夠到定。當你真修得了定，一定是「**身業安住，諸根無動，威儀進止，無有躁擾**」，內外一致了。

「於一威儀，能經時久，不多驚懼，終不數數易脫威儀，言詞柔輭，言詞寂靜，不樂諠雜，不樂眾集，言語安詳，眼見色已，唯覺了色，不因覺了而起色貪」。

打坐也是一個威儀，你們一次坐幾分鐘啊？（同學答：五十分鐘。）五十分鐘都坐得彎腰駝背了，然後再有人吼你一下，你就被嚇住了，這就不對了。真得離欲的人，於行住坐臥中的任何一個威儀中，都能經久而不會驚懼。「終不數數易脫威儀」，這個「易」是變易的易，言語之間柔軟，不會吼叫。離欲的人都不看好色相嗎？也看，是過眼雲煙，毫不保留，過去就不留了。

「如是耳聞聲已，鼻齅香已，舌嘗味已，身覺觸已，唯覺了聲，乃至其觸，不因覺了而起聲貪，乃至觸貪。能無所畏，覺慧幽深，輕安廣大，身心隱密，無有貪婪，無有憤發，能有堪忍，不為種種欲尋思等諸惡尋思擾亂其心。如是等類，當知名為離欲者相」。

不管耳聞、鼻嗅等等一切，身心「隱密」，沒有貪念；離欲的人身上氣脈發動了，他也不會告訴你，也不會宣傳。

關於修定做工夫，白骨觀也講了，各種定法也講了，四禪八定也講了，到了離欲境界，都還屬於世間定法，是佛弟子與世間凡夫修定的共法。

下面講不共法的佛法，第三十四卷，「**本地分中聲聞地，第四瑜伽處之二**」，八百五十五頁。

「**如是已辯往世間道，若樂往趣出世間道，應當依止四聖諦境**」。

前面說的是世間道，下面這一卷才是講出世間法。聲聞弟子，四諦、十二因緣等等，你們都熟得很，雖然覺得已經聽了很久了，可是一項都沒有證到。就算你證得了出世間道，那還是屬於佛法中的外道，因為你沒有基礎；所以要由聲聞道修起，再回心向大，轉成菩薩道。宗喀巴大師的《菩提道次第廣論》，阿底峽尊者的《菩提道炬論》，統統都是由《瑜伽師地論》中抓出一點而著作的。所以你們把這一百卷的經典研究清楚，整個佛法的系統，理論和修持，顯教密教修法都有了。不要說你這一輩子用不完，你萬輩子也用不完。十方三世諸佛所有修持佛法的，離不開這個內容。

這一百卷的論述，我們講到三十四卷還是聲聞地；聲聞地後是獨覺地，再後面所有的都是菩薩地。菩薩地每一地的修行工夫、見地、次序、行願，統統都有。現在不跟大家講那麼多，下個禮拜開始就講你們想要聽的《禪祕要法》，辦法已公布了，公文也出來了，你們等一下自己去看。這是不公開的，除了真正修持的人之外，其他的不必參加。

現在我們倒轉回來，看第四卷，「**本地分中有尋有伺等三地之一**」，七十五頁。前三卷是由前五識講到第六識意地。意地包括了三界。

初步了解意地

「**已說意地，云何有尋有伺地，云何無尋唯伺地，云何無尋無伺地。**」

總嗢柁南曰：界相如理不如理，雜染等起最為後」。

這是說每一個思想、心理作用的境界，它的界限，邏輯的範圍，都是如理的合理的範圍；不如理是不合理，不在這個範圍。這完全是邏輯。在有尋有伺、無尋唯伺、無尋無伺之間，有時候還有些夾雜。

「如是三地，略以五門施設建立，一界施設建立、二相施設建立、三如理作意施設建立、四不如理作意施設建立、五雜染等起施設建立」。

上段所說意地中，有五種含義。一是指範圍，二是指現象，三是如理，就是邏輯與內涵。四是不合理，不對，不合邏輯，它的內涵是錯的；五是中間有些不太正確的雜染。

「云何界施設建立。別嗢柁南曰：數、處、壽、量、受用、生，自體、因緣、果、分別」。

什麼是「界施設建立」？人的思想有尋有伺，就是凡夫，凡夫的思想都是有尋有伺的，思想東想西想，有覺有觀。數：數量；處：空間；量：範圍大小；壽：壽命；受用：自身的受用。如果在地獄，那個數、處、量、壽、受用，每一層都不同。譬如東方人與西方人，因政治環境和社會環境的不同，數、處、量、壽、受用都不同。為什麼不同呢？因為自體、因緣、果報、分別都不同。

這個經文很難看懂，千古以來人們都覺得難看懂，有個文學家跟我說：在美國那位所謂的中國密宗大師，聽說你在講《瑜伽師地論》，他就告訴我，《瑜伽師地論》重要得很啊！修顯教密教，不管修哪一宗，不懂《瑜伽師地論》都是白修的啊！我說：他到底還不錯，還曉得《瑜伽師地論》很重要。你看本論裡，所講都很科學，每一點都說得很清楚。

「當知界建立由八相，一數建立、二處建立、三有情量建立、四有情壽建立、五有情受用建立、六生建立、七自體建立、八因緣果建立。云何數建立。略有三界，謂欲界、色界、無色界。如是三種，名墮攝界」。

界建立由八個相，數建立是三界，屬於「**墮攝界**」，是墮落的意思，沒有跳出三界外；跳出三界外就成佛了，歸回自性本體，歸了本位。

「非墮攝界者，謂方便，並薩迦耶滅及無戲論無漏界」。

有方便才不會墮落，菩薩有一切方便，但是不願意跳出三界。菩薩為什麼不願意跳出三界呢？為了三界中有苦惱眾生需要救度。「**薩迦耶**」是我見，我見滅了的人，無我的人，就「**無戲論**」，就是不執空也不執有；也不說只有淨土好，或只有密宗好，或只有禪宗好，這樣都是戲論。只有「**無漏界**」的人，才是不墮落的，因為跳出了三界，也就是三界任意寄居，否則都是「**墮攝界**」。

一「**數建立**」，就是三界，第一個先講地獄，與天人大梵天來比，先比壽命長短。跳過六行看下面。

二「**處所建立者，於欲界中，有三十六處……**」，有三十六處都叫欲界，包括天人、地獄等等。欲界的眾生思想都不定，有覺有受，感覺空不了，思想妄念也空不了，所以叫有尋有伺。

「**復次色界有十八處……**」（七十七頁），色界天有十八天處。

「**復有超過淨宮，大自在住處，有十地菩薩，由極熏修第十地故，得生其中。復次無色界有四處所，或無處所**」（七十八頁）。

大梵天的天主是觀自在菩薩的化身，那裡有十地菩薩。無色界有四處所，或無處所。這是講界的分別。我們有感覺有思想，一切眾生有尋有伺，所以果報始終在三界中。

三「**有情量建立者，謂贍部洲人，身量不定，或時高大，或時卑小，然隨自肘三肘半量。東毗提訶，身量決定，亦隨自肘三肘半量，身又高大，如東毗提訶如是……**」。

有情世界人與人有差別，身量不同，人生來有高有矮，有胖有瘦，是用自己的手肘去量三肘半。「**東毗提訶**」就是東勝神洲。

「**帝釋身量，半拘盧舍，時分天身量，亦半拘盧舍……**」。

帝釋高大，我們仰起頭來都看不到他的手，玉皇大帝身量比我們大得好多。一層一層的天人，身量越來越高大。

四「**壽建立者……或於一時壽無量歲，或於一時壽八萬歲，或於一時壽量漸減，乃至十歲。東毗提訶人，壽量決定二百五十歲……**」。

南贍部洲人壽不定，三十天為一個月，十二個月為一年一歲。也可以修到無量壽歲，一生也可以修到八萬歲。末劫時，人的壽命減至十歲而已。東勝神洲人，一生壽命二百五十歲；西瞿陀尼洲人，一生五百歲；北拘盧洲人，一生可以活一千歲。

「又人間五十歲，是四大王眾天一日一夜，以此日夜，三十日夜為一月，十二月為一歲，彼諸天眾，壽量五百歲。人間百歲，是三十三天一日一夜，以此日夜如前說」。

人的壽命一般是五十歲，一路一路往上增加。

五「受用建立者，略有三種，謂受用苦樂、受用飲食、受用婬欲。受用苦樂者，謂那落迦有情，多分受用極治罰苦」。

受用有苦樂、飲食、淫欲三種。地獄就是那洛迦，裡頭沒有淫欲，因為天天在受罪，沒有空閒去想這個淫欲之事。

「旁生有情，多分受用相食噉苦」。

畜生裡，有吃不飽之苦，所以只有少分的淫欲；只有人，人是亂來的。

「餓鬼有情，多分受用極飢渴苦；人趣有情，多分受用匱乏追求種種之苦；天趣有情，多分受用衰惱墜沒之苦」。

三界的苦，各有不同，你們研究本論的三界六道各種狀況，可以寫很多書，每一層天的天人，婚姻制度也有，壽命也有，這是佛學知識。你說這些佛學知識與我們修持有什麼關係呢？這些看起來都是神話，但與你修持有絕對的關係，所以要注意的。

這個禮拜五還是《瑜伽師地論》，下個禮拜起就改為《禪祕要法》的課程了。

第二十講

我們講《瑜伽師地論》，是偏重在修持做工夫修定方面。而且打坐做工夫，修定等等方面，是偏向於世間法和出世間法的共法方面。也就是說，所修的是世間定的方面。現在回轉來，講定法和善法的修持，與三界天人的關係。大家要注意，現在學佛的人，都馬馬虎虎的把天人之間，天人境界隨便看過去了，這是不妥當的，所以要注意。

現在再看卷四「**有情受用建立**」，受用就是我們平常所講的生命的享受。

三界六道的苦與樂

地獄是分等次的，地獄裡都是苦，沒有樂。十八層地獄並不是像十八層大樓那樣，層是等次，指受苦的情形的多少和不同。畜生道互相食噉，也是苦；餓鬼道眾生，永遠吃不到食物。我們看到的水，餓鬼看到則是火；我們所謂的清水，天人看來是髒的東西。

為什麼如此呢？因為三界之中的一切，是唯心所變，唯識所現；這個道理只有你得定，得了神通，才會看得清楚。所以人世間究竟哪一樣是乾淨，哪一部分是不乾淨，很難斷定。

人道中所受的，是貧窮的苦，求不得的苦；天人境界，天人也有死亡墮落之苦。再提起大家注意，受用是生命的享受，有苦樂、飲食、淫欲三種差別。所以，在佛法還沒有來的時候，中國的聖人已經說過，「飲食男女，人之大欲存焉」。豈止是人而已，一切眾生都是在這個欲的境界裡生活。

那麼知道了這些，與修道做工夫有什麼關係呢？你們一般研究佛學，以為沒有關係，書一唸就過去了；這完全錯了，知道了這個以後，你正好做工夫，測驗自己生理與心理的變化。其實感覺上的苦樂，都是受用的果報，譬如在座有些同學，三天之中兩天病，「不在愁中即病中」，就是受用的業報。

身體健康的人，沒有病，頭腦又清醒，一萬人裡頭沒有幾個。其他多半都在病痛中，這就是受用的業果。

所以學佛修持做工夫，自己心理上的貪瞋癡慢，生理上的苦樂，這些受用業果，究竟轉化了多少？這是你修持做工夫的立刻考驗。有沒有進步，自己馬上就是個鏡子，所以佛學理不通是不行的。

你們初打坐時，腿發麻發脹，受用苦嘛！為什麼腿麻脹呢？是你身上的業氣粗重，腦筋笨，智慧不開，情緒變化無常，這就是在地獄了。你以為一定要下地獄才受這個業報嗎？你身上就有地獄業，也有天人的業、人道的業、畜生的業，都有的。把佛法這些基礎，以及佛學知識，都要先弄懂才行。

再翻過來好幾頁，是講地獄的苦，看起來好像說神話，實際上你仔細研究了地獄就曉得，我們平常活著就是在地獄中。睡覺睡久了，脖子扭了，那個扭是很難過的，就像在地獄中被繩子絞歪一樣的難過。尤其女性月經來以前，情緒低落，一點精神都沒有，那不是已經下了地獄嗎？還要什麼時候才是下呀？

真的下了地獄，那個苦更大萬倍，所以要趕緊求超脫。這些內容要好好的看，拿自己的身心來體會就知道了。現在講卷四第八十九頁，中間跳過去了，你們自己要看，看了不要當知識，要記住，做工夫要體會。

「又人趣中受生有情，多受如是匱乏之苦，所謂俱生飢渴匱乏苦，所欲不果匱乏苦，麤疏飲食匱乏苦，逼切追求攝受等匱乏苦，時節變異，若寒若熱匱乏苦，無有舍宅覆障，所作淋漏匱乏苦，黑闇等障，所作事業皆悉休廢匱乏苦」。

前面已經講了，人世間的眾生受各種的苦，氣候一變，身體扛不住了，生病了。另外又有種種的匱乏苦，人世間的眾生都是在貧窮中過了一生，樣樣沒有。地獄、畜生、餓鬼、人道，都生活在苦中。天道苦不苦呢？下面告訴你：

「有諸天子將欲沒時，五相先現，一衣無垢染，有垢染現。二鬘舊不萎，今乃萎頓。三兩腋汗流。四身便臭穢。五天及天子不樂本座」。

活了一千年、一萬年的天人，要死的時候，先呈現五衰之相，天人的衣服就是皮膚，本來乾淨的，要死以前髒了，有老斑出現了。天人生出來，頭上自然有花冠，要死以前花冠就萎縮了。其實何必一定是天人，我們人也有天人成分啊！我們的皮膚，年紀輕的時候很光滑，老了就有老斑出來，皮膚也皺了，眼睛老花了，耳朵不靈敏，聽不見了。

我們小的時候聽說：閻王給老人三封信，第一封，牙齒掉了；第二封，眼睛花了；第三封，耳朵聽不見。天人的花冠就是頭髮，年紀大一點頭髮就枯黃，變白了，〈桃花源記〉講「黃髮垂髫」，天人也是一樣。天人的大小便本來不臭的，快要死以前臭了，汗臭也出來了。再後來天人及天子，坐立不安了；何必天人，我們老年人在人世間也坐立不安了，坐的時候要枕頭靠著，站久都不舒服，天人也是如此。

「時彼天子偃臥林間，所有婇女與餘天子共為遊戲」。

這個時候天人要躺到野外去，這些天女就看出來，他快要死了。這是講這一類天人的痛苦，天人也逃不了生死，乃至到無色界也是如此。所以沒有跳出三界外，永遠在輪迴中，永遠脫離不了痛苦。

可是你要了解，就說生天吧，也沒有什麼了不起，我從小到現在學佛，就算看到妖怪的廟子，我都要合掌；狐狸都能修成精怪，比我的工夫好多了，我都恭敬他們的，對土地公也恭敬。不要說皈依了三寶，就看不起外道；當然恭敬合掌不是皈依他，值得恭敬就恭敬，他善事比我們做得多，才能有這個果報。我們算老幾啊？可是一般人皈依了三寶就不拜鬼神了，鬼神也就不會理你，你一點善行功德也沒有，他理你幹什麼。

我們固然比餓鬼好一點，不過，我有時候想想，我們比餓鬼還不如呢！你要把自己想通，這些地方要研究清楚，跳出三界外談何容易啊！你說不成道要往生淨土，連生天道都需要大的定力跟功德，何況佛淨土，那更難了。不要說別的，就是想再來作個聰明人、富貴人，都是很難的。像我們這一堂人一樣，多半窮，然後越窮越看不起人，常說他算什麼，我又不求他。可是你又算老幾？人家也不要你去求他，所以，不要傲慢，這些地方都要研究透徹才行。

這一段都是講天人境界，為什麼給你們講這個呢？因為學佛的基本，以及六道輪迴的現象，都要認識清楚。

現在翻到第五卷，「**本地分中有尋有伺等三地之二**」，其中的資料都是與修定有關係的，而且每一點都關係到做工夫。

修禪定的苦與樂

有尋有伺即有覺有觀，以現代話來講，就是有感覺、知覺。所以我們現在打坐做工夫，都是在這個境界裡，並沒有跳出這個有尋有伺地的境界。

「**復次於色界中，初靜慮地受生諸天，即受彼地離生喜樂**」。

我們修定，修到了初禪定，到了色界了。如果講修定工夫的成果，修定就能生天，難道不用做好事了嗎？而且如果要做好事，要培養福報，那怎麼能夠又要做好事，又去修定呢？（同學答：起心動念，念念善心。）

那是說空話，沒有用？比如說我現在觀想很多好吃的東西，請你們吃，你們吃到了嗎？沒有啊。所以密宗的觀想，我也學過，如果說這樣叫布施，我也會。譬如請諸佛菩薩來，我觀想十供來供養，我一毛錢都不花，我儘量供養，儘量磕頭。這種觀想有什麼用呢？這不過是修法的練習而已。

所以司馬遷講過一句話：「我欲載之空言，不如見之於行事之深切著明者也」，空洞的理想，說空話，不如以行動去救人。如果說你發慈悲，天天在修慈悲心，那都是空想；我這個話要注意，學宗教，學佛的人，都容易落於虛無飄渺的幻想中，一講到實際做事時，每個人都在逃避現實，那有什麼用？怎麼會修得成功？

但是有個偷巧的辦法，就是禪定，因為功德和福德都是從定來。為什麼呢？得定是得消極的福德，與菩薩行不同；菩薩行是不准貪著禪定的，那是犯戒的。菩薩境界就是司馬遷的這個話，說空言不如見之於行動，就是必須要有實際的作為，切實的做到。在菩薩戒，貪著禪定是不可以的；在小乘戒，禪定是培養福德。

菩薩戒也承認禪定是培養福德，因為你修禪定時，起心動念沒有惡念了，所以它是功德。但為什麼是消極的呢?因為在你禪定時,眾生不知造了多少惡業,原子彈、「死光」等殺人武器都發明了。可是不能說你沒有能力發明這些東西,只因為你在禪定中,雖然不積極行善,倒也不去造惡業了,所以算是消極行了善。

大家想想看,一個人活在世上,哪裡有不求人的人呢?我們每天都在麻煩別人。生下來靠父母帶大,就是在求人,求父母呀!一路長大都在求人。有些人自以為高雅,不愛名,不愛利,自己上班賺錢生活。請問,沒有老闆給你工作機會,你有班上嗎?所以佛法要你報四重恩。我經常想,一個人活著,要妨礙很多人,當然也是大家彼此犧牲,才能活下去,學佛要把道理參通,才能起菩薩行。不要以為什麼都不管,只管自己就對了。

你在這裡有很多人供養你呀!什麼人把環境弄得乾乾淨淨的呀?什麼人出的錢呀?你何德何能來吃這一碗飯啊?你們要把這個想清楚,不然你學佛,來生恐怕會變成一個糊塗蛋。你這樣能往生嗎?假使你往生了,我也一把就把你抓回來,你帳還沒有還呢!怎麼能往生?要注意啊!禪定功德是消極的。

我是跟你們講道理，不要認為是在罵人；如果你認為是罵人，你觀念就錯了，你就造了業了。我不過嚴重又慎重的將理告訴你們，學佛要參通，不然學什麼佛呀？講很嚴重的話，是怕你們輕心的聽過去，以為只有什麼八識啊，般若啊，才是佛法；一百個識也沒有用！因為你不認識就沒有用，千萬要注意。

「**第二靜慮地諸天，受定生喜樂。第三靜慮地諸天，受離喜妙樂。第四靜慮地諸天，受捨念清淨寂靜無動之樂**」。

得初禪的人就受生色界初禪天，得受「**離生喜樂**」的果報。第二禪生二禪諸天，受「**定生喜樂**」的果報。第三禪的境界，受「**離喜妙樂**」的果報。第四禪生色界諸天，受「**捨念清淨**」的果報，也受「**寂靜無動之樂**」的果報。這四禪天要搞清楚，同你們做工夫有絕對的關係。

「**無色界諸天，受極寂靜解脫之樂**」。

定境超過色界，到了無色界時，果報是寂靜解脫之樂。

「又由六種殊勝故，苦樂殊勝應知」。

天人境界有很多階層，在多種階層當中，苦樂都不同。天人的苦樂，等於我們人一樣，貧有貧之苦樂，富有富之苦樂，各個的享受苦樂都不同，這都是修行的果報。

「一形量殊勝，二柔輭殊勝，三緣殊勝，四時殊勝，五心殊勝，六所依殊勝」。

文字大概看懂吧？（同學答：不懂。）文字的確是不好懂，難怪那位文學家會跟我說，他聽《瑜伽師地論》的課，都會睡覺。開始我還罵他頭腦不好，後來我翻開了本論再仔細一看，我的天啊！要怎麼看才會懂啊？

這一段是講苦樂的形量、等差不同，假使我們學寫文章，很簡單，先把苦樂定一個原則，然後怎麼苦？怎麼樂？它這裡的寫法，是把相對的正反面都寫，很科學，先講苦，一個人生命受的苦，有六個原因。第一「**形量**」，就是我們的形體身量。第二「**柔輭**」，相對就是硬化。第三「**緣**」，就是外緣，有錢無錢，住的房子好不好。團體住在一起，這個看那個不順眼，那個看這個不順眼，也是緣，是不好的緣。

如果說你們十個人同住一個房間，你愛其他九個同學，這九個同學也愛你，那你一天到晚就舒服了。但是你做得到嗎？就算與媽媽的緣，也都會有好有壞的，緣壞的會吵架，這就是緣不殊勝。第四「**時殊勝**」，譬如我們生在這一個時代，是很苦的時代。第五「**心殊勝**」，心念思想不一樣。第六「**所依殊勝**」，所依不一樣。所以你們真能把本論經文讀懂了，才是真學佛。

轉苦為樂

「**何以故。如如身量漸增廣大，如是如是苦轉殊勝。如如依止漸更柔輭，如是如是苦轉殊勝**」。

他說這個苦樂是相對的，身量增大則苦轉殊勝。「**殊勝**」就是更加，身量大就更加苦了。「**依止**」就是順其自然，則轉柔軟，老了，牙齒掉了，就柔軟了；眼睛的機能退化了。苦就大了，就是這個道理。這一路下來就都讀懂了吧？開了竅了吧？

「**如苦殊勝如是，樂殊勝義，隨其所應，廣說應知**」。

與苦相反的舒服這一面，就是樂。譬如口乾了，不冷不熱一杯水在手，喝它一口，舒服啊！這就是快感，就是舒服；香港腳發癢了，襪子一脫，手一抓，好舒服啊！那也是快感。至於說享受，以苦為樂，哪一個眾生不以苦為樂啊？天人也是以苦為樂。吃飯有個菜好吃，好吃是樂，是舒服，到了第二天肚子痛，用力拉不出來，不好受呀！苦呀。

所以你要把人生切實的參透，才好學佛，不然你講空洞佛學有什麼用呢？所以苦與樂是這樣相對的。苦殊勝的相對，是樂殊勝，這個道理「**隨其所應**」，互相的感應，「**廣說應知**」，如我剛才說給你們的，吃飯的舒服上廁所的痛苦，這就是廣說，擴展開的跟你們講，你們就懂了。你的身心要在這個地方，切實體會。

「**又樂有二種，一非聖財所生樂，二聖財所生樂。非聖財所生樂者，謂四種資具為緣得生，一適悅資具，二滋長資具，三清淨資具，四住持**

資具」。

快樂有二種。我們感到快樂才是享受，所以人生所說的享受，是講快樂的，絕不是苦的。二十世紀的現代人是享受主義，現代人的哲學，對過去未來的人類而言，是個丟臉的時代，因為沒文化、沒思想，只有現實，只講究享受，對這個時代交了白卷。這是工商業發達的結果。

這裡說的享受是什麼呢？現在告訴你，一種是聖財所生的樂，一種是非聖財所生的樂。非聖財的樂分四種，「**一適悅資具**」，資具是物質，生活的物質需要。「**二滋長資具**」，生命的營養，生命繼續存在，還需要營養。「**三清淨資具**」，現代人的用具都很清潔衛生，比古代好多了。古人所謂窗明几淨，就很不錯了，那個皇宮陰陰暗暗並不舒服；深山的神仙，一天到晚都泡在濕氣裡頭，也不舒服。假使現代的話，暖氣除濕機一開，多舒服啊，多清潔，多享受。「**四住持資具**」，飲食方面，中西餐，港式、日式……多好呀！下面有解釋。

一「**適悅資具者，謂車乘衣服諸莊嚴具，歌笑舞樂，塗香華鬘，種**

種上妙珍玩樂具，光明照曜，男女侍衛，種種庫藏」。

一切生活用具都有了，像抗戰的時候，有人升了官，發了財，一回老家，一下子五子登科了，車子、房子、金子、妻子、兒子，都有了。人生在世，大家聽歌、跳舞，有各種娛樂享受，住處富麗堂皇，佣人又多。像現代的大老闆一樣，員工很多，什麼都有。昨天有位同學寫信來告訴我一件事，他說：台灣有一位大企業家，在陽明山有別墅，像皇宮一樣，佣人很多，客人一到，主人在樓上閉路電視一看，不想見就說不在，所以像皇帝一樣，不容易見到。

我看了信就笑了一下，心中可憐這位朋友，大概沒有享受過，在我看來，現在的物質，都不是享受。老實講，我比這個更舒服的環境都享受過，其實這一切都是假的，你要把它看清楚。可是你們沒有經驗過，沒有資格講這一切都是假的，沒什麼了不起。

以前大陸有大富人家，那種豪華，你不能想像，家中的用具，起碼都是玉器、銀器、金器，他就隨便丟在那裡，不在乎，這叫豪華，對鑽石、寶石、金磚，他們都不在乎，隨便擺著。而懂得人生的人，看也不看，為什麼？金磚是金磚，當不了飯吃，沒有什麼稀奇的。

二「**滋長資具者，謂無尋思輪石搥打，築蹋按摩等事**」。

滋長資具，像現代的按摩、打太極拳、練氣功等等，都是保養身體滋長的，就是用這些方法，使這個生命滋長、成長。

三「**清淨資具者，謂吉祥草、頻螺果、螺貝滿瓮等事**」。

印度古人就比我們現代差得多了，那時中國瓷器還沒有到印度，只有一種陶器，當時印度的享受是睡吉祥草，中國以前睡龍鬚草，比現代草席還要涼快舒服。古代的貨幣先是以貝殼代替錢幣，漢朝以後是布幣，鈔票是元朝開始有的，這是世間之財，即非聖財。

四「**住持資具者，謂飲及食**」。

住持是維持我們生命的飲食，這個是世間法，一般人的人生，基本需求就是吃喝的問題。

聖人境界之樂

「**聖財所生樂者**」。

《華嚴經》上有善財童子，就是聖財的意思，也是指道、佛法而言。

「**謂七聖財為緣得生。何等為七。一信，二戒，三慚，四愧，五聞，六捨，七慧**」。

我們現在把這段做一個大概的了解，歸納起來說，中國有兩句話，一個是世間福報，中國叫洪福，紅塵的福報，就是物質享受多；另一個是出世間的福報叫清福。清福不是說出家修道，或住茅蓬就是享受到清福，不是的。真正的清福是這一段的七個情況，是智慧的成就，道德的修養到了最高處。拿現代的觀念來講，可以說，精神的生命昇華到聖潔的程度，這個就是最大的成就，就是聖財的成就，不是金錢可以買到的。下面看一百零一頁，第五行。

「復次三界有情所依之身，當云何觀」。

意思是說，三界裡頭，我們對於自己的生命身體，是怎麼一個看法？重點來了，現在我們用功最大的苦惱，就是身體障礙去不掉。

對於所依之身的觀念，基本上學佛的開始「**當云何觀**」，應該如何看法？三界裡的眾生不是只有人，包括牛馬、細菌、植物都在內。植物有生無命，沒有靈性思想，但是你不能說沒有生。因此殺生的問題就很難說了，摘了花，摘了葉，植物並不舒服。所以真要不殺生，談何容易！真不殺生，只有享受江上之清風，山間之明月，如此而已，那才是真達到不殺生了。

所以西藏人不吃小魚，抓到小魚放生，專門吃大的，理由是，大魚犧牲一個生命，養活我們很多人；小魚，我們一口吃了很多生命。所以他們只選傷一隻生命的業，不選傷很多生命的業，故而吃大的。吃菜是照樣殺生，只是說不傷命，生與命是兩個東西。

「謂如毒熱癰，麤重所隨故。即於此身，樂受生時，當云何觀。謂如毒熱癰，暫遇冷觸。即於此身苦受生時，當云何觀。謂如毒熱癰，為

熱灰所觸。即於此身不苦不樂受生時，當云何觀。謂如毒熱癰，離冷熱等觸，自性毒熱而本住故」。

佛法在基本上，對生命之身的看法，同道家《莊子》的看法一樣，認為生命是個累贅，是個毒瘤，一些粗重的業，都由它而引發。當生命有快樂，快感的時候，「**當云何觀**」？等於熱燒的病瘡，突然碰到一些清涼，只是暫時舒服一下而已，對於快樂享受是這樣看待。受苦時怎麼看呢？就像發燒的瘡，又碰到了熱灰，苦上加苦，痛上加痛。在不苦不樂時，等於外境冷熱沒有了，也沒有感觸了，但身體的毒瘡熱惱還在。依這一段佛經來看，我們的生命都是在發燒熱惱中，就像這個身心的毒瘡，都在發燒一樣。

「**薄伽梵說，當知樂受，壞苦故苦。苦受，苦苦故苦。不苦不樂受，行苦故苦**」。

佛說：反正都是一個苦，人生就是苦，當在享受快樂的時候，快樂很短暫，快感沒有時，就感到痛苦；苦受時，苦上加苦，當然苦；不苦不樂受時，行蘊還在，生命還在連續轉動，還是苦。

「復說有有愛味喜，有離愛味喜，有勝離愛味喜，如是等類，如經廣說，應知墮二界攝」。

佛又說：世界上的生命，有的貪著現有的生命，抓住現實，對於現有的生命喜歡佔有，佔有了就很高興，這是凡夫境界。凡夫個個想佔有，拿狗來說，本來兩隻狗很好，一起玩，在吃的時候，就要佔有。我們比狗高明嗎？差不多一樣的。

如果你碰到別人來搶你的愛人時，你會對他無比的仇恨，因為你想佔有她，所以都一樣。有時候人比畜生還不如，這屬於「**愛味喜**」，得到了，佔有了，就喜歡。當財產屬於我，功名富貴屬於我，一切都屬於我，那是無比歡喜。所以朱元璋當和尚時化緣也化不到，苦得不得了；後來當了皇帝，天下一切都屬於他了，在後宮太太前面說，「想不到我朱元璋也有這麼一天」，無比歡喜，就是愛味喜。

「**離愛味喜**」是聖人境界，離開一切，連此身都不要了，放下一分，自己就高興一分，就是離愛味喜。

「**有勝離愛味喜**」，勝離愛味喜更高了，不但放下，還證得了道，一切自然而離，不離而離，在世間也無所沾染，這些情形，如經廣說。

「**又薄伽梵建立想受滅樂，為樂中第一，此依住樂，非謂受樂**」。

什麼叫建立？佛沒有說法以前，並沒有這個學術成立；佛說了法，大家知道修道了，成立了這個學說。人生有苦有樂，苦樂哪裡來呢？因為有思想、感受、知覺。如果知覺、感覺滅了就得道，這就是滅了「**想受**」，寂滅最樂，是為第一。經典中有「生滅滅已，寂滅為樂」，這個寂滅樂也同我們快樂一樣嗎？完全不一樣。

「**又說有三種樂，謂離貪離瞋離癡等欲，此三種樂，唯無漏界中可得，是故此樂名為常樂，無漏界攝**」。

三種樂就是真正離開了貪瞋癡，想要絕對離開貪瞋癡，「**唯無漏界中可得**」，只有得阿羅漢果的人，才可以徹底離開貪瞋癡，否則總會有一點。在理論上離了貪瞋癡慢疑，得了道，叫常樂。所以有些學佛的人，看到有些經典中提到常字，就認為它是真常唯心，於是就把《楞嚴經》編入外道去了。

其實這只是一個名辭，是理論性建立的常，所以讀經書都沒有讀通，我看到只有一嘆。有人說，你可以寫篇文章批駁，我這個人最傲慢，這種人還值得我寫篇文章批駁嗎？批評都懶了，不值一談，因為他書都沒有讀通。所以你們以後自己要注意，不要搞錯了，「**常樂**」是理論性建立的名辭，屬「**無漏界攝**」。

段食　思食　識食

「**復次飲食受用者，謂三界將生已生有情，壽命安住，此中當知觸、意思、識，三種食故，一切三界有情，壽命安住。段食一種，唯令欲界有情壽命安住**」。

在飲食這方面，是三界有情賴以維持生命的，所以很重要。飲食有三種，就是「**觸、意思、識**」三種。我們吃三餐是觸食中的段食，摶食；吃東西到胃裡，真正感覺味道的，只有三寸舌。中藥有些很難吃，西藥就進步多了，外面加了一層糖衣，舌頭舐到是甜味，就舒服，嚥下去就不會有感覺，這叫科學，這是觸的道理。

「**觸**」食有內外之分，外觸是外面碰到的東西，體內五臟六腑是內觸。「**意思**」食，現代新的名稱就是精神食糧，像有些人有讀書習慣，幾天不看書就很難過，看小說或正書，或哲學書，都是思食的一種，帶有觸食的作用，是意識的境界。「**識**」食是入了定的人，八萬四千劫不需要吃飯，這是識食。我們氣功練成就也可以不吃飯，但是氣功還是屬於觸食，而我們平常吃的習慣，都是屬於最粗的觸食。

說到有關精神方面的生命，有時候戰場上的士兵，身上中彈了，但心一振作，不能死，一定要打進去佔領這個地方；他成功了，哈哈一笑就死了。那段活著的是精神的生命，硬撐著不死，精神振奮，傷口隨便拿什麼一塞就算了，那就是修道的往生境界。如果以這個精神來修道，沒有不成功的，這是思食的重要。另外觀想有成就的人，可以入定，不吃飯照樣活著；觀想成功是本身就有思食，入了定則是識食維持生命。

這些都要研究清楚，你們學佛的人，佛經都沒有研究好，只是一天到晚在五蘊、十八界、三十七道品抄來抄去，多討厭！這三種食是三界有情生命安住之所依。段食就像我們的一天三餐，是分段的飲食，也叫摶食，用手抓來吃的；尤其印度人都是摶食。

段食是「**欲界有情壽命安住**」，欲界的眾生才有分段的飲食。但是段食的方式也很可憐，像蟒蛇、老虎之類的，一輩子吃不到幾餐好的，更難得有幾餐吃飽。虎餓了才會吃人，吃飽的老虎睡覺去了，不吃人。許多動物的段食，很難吃飽，所以畜生道多半還是在餓鬼境界中，很可憐。像我們一天吃三餐，然後還覺得不夠，又吃宵夜、甜點，舒服得很，在欲界裡這也是一種享受。

「**復於那落迦受生有情，有微細段食，謂腑藏中有微動風，由此因緣，彼得久住**」。

地獄裡的眾生也是需要飲食的，它本身生命中的臟腑裡，有一種氣在動。你看烏龜，就是吃氣維持生命的。另外像蛇、青蛙等，在冬眠幾個月之中，就變成地獄、餓鬼道的眾生那樣了，意識還是有，也要吃飲食啊！只能靠臟腑裡的一股氣維持住生命。我們人餓的時候，看到東西口水流出來，一嚥口水，已經吃了，就是吃了氣。雖然不能像吃飯那麼飽，嚥一兩下也飽一點。我們以前當兵曾經挨過餓，就有這個經驗，就體會到餓鬼、地獄道眾生吃的問題。

「餓鬼、旁生、人中，有麤段食，謂作分段而噉食之。復有微細食，謂住羯羅藍等位有情及欲界諸天，由彼食已，所有段食，流入一切身分支節，尋即銷化，無有便穢」。

有的眾生是吃別人的生命。還有一種飲食，最細妙的，就是胎兒在羯羅藍等位，也要吃，是母親消化了的營養，靠臍帶輸送過去給他。欲界天人，四天王天乃至兜率天等等天人，他們也吃，是微細、微妙的飲食，比我們的飲食好吃多了。這個微細的飲食，當我們工夫到了，就會體會；當工夫真正到了，可以不吃飲食的時候，其實就是吃這種微細飲食。這種也是段食，流到身體各部分去，馬上消化了，但沒有大小便。

欲界天的天食已經很高明了，很微細了；至於維摩居士，只要手一伸，就到香積國拿下飯來了；那不是你所能想像的，那是識食的境界了。唯識所變的神通飲食，只要你吃一口，你就可以長生不老了。所以，慢慢求吧！多修持吧！

三界男女之欲與生育

「復次婬欲受用者，諸那洛迦中所有有情，皆無婬事，所以者何。由彼有情長時無間，多受種種極猛利苦，由此因緣，彼諸有情，若男於女不起女欲，若女於男不起男欲，何況展轉二二交會」。

地獄裡頭沒有婬欲行為，男的女的，彼此看見都相互討厭，因為苦，苦啊！所以無男女想。更不會想兩個展轉在一起，沒有可能。這其中有個特殊的問題了，就是欲界裡的婬欲事，到底是好是壞？這是一個問題。

「若鬼、旁生、人中，所有依身，苦樂相雜，故有婬欲，男女展轉二二交會，不淨流出」。

鬼道也有性欲，旁生、人都有性欲，因為都有依身；身體是依報，意識思想是正報，即知覺感覺。男女二人交會在一起，則流出不淨。

我插一個笑話，前幾個月，有一個同學從美國回來，說了一個笑話給我們聽。他說：人真是莫名其妙，有一個典故，閻王有一天判罪，判了老鼠兩性的關係，為每星期一次，其他很多動物都有時間規定。馬就吵了起來，很多動物也吵鬧了，要閻王給它們多幾次，大家吵得很厲害。人等不及了，就去問閻王，閻王正被大家吵得很煩，看見人來問，他就說：隨便隨便，所以人對兩性的事就很隨便了。

這個笑話我想大概是外國人編的，但也編得很有道理，真講起來，人比畜生還要隨便。為什麼隨便？其中大有問題，不要簡單的看過去。我要你們多研究，要寫書的人，更要找資料，佛法裡頭資料太多，太豐富了。

「欲界諸天，雖行婬欲，無此不淨，然於根門有風氣出，煩惱便息」。

比人高的天人，他們也有婬欲，但沒有漏丹、漏精的問題。而他們性欲，是所謂氣交，漏不漏呢？還是漏，是氣漏，並沒有不淨之質。人是漏精，欲界天人是漏氣，所以你們做工夫，有時候也會有漏氣的現象，就像天人境界漏氣的道理一樣。還有你們有時候夢中大便，那也是漏氣的，不要認為自己沒有在漏，雖然不漏精，但有時候是在漏氣，很嚴重的。所以欲界天人是氣交，人是精交。

「四大王眾天，二二交會，熱惱方息。如四大王眾天，三十三天亦爾。時分天，唯互相抱，熱惱便息。知足天，唯相執手，熱惱便息。樂化天，相顧而笑，熱惱便息。他化自在天，眼相顧視，熱惱便息」。

交、抱、握、笑、視，是欲界天人性欲交會方法，他們的婬欲受用。

「又三洲人，攝受妻妾，施設嫁娶。北拘盧洲，無我所故，無攝受故，一切有情，無攝受妻妾，亦無嫁娶」。

三大部洲的人，有佔有欲，有婚姻制度。北拘盧洲的人，無我所，無佔有性，無婚姻制度。

「如三洲人如是，大力鬼及欲界諸天亦爾，唯除樂化天及他化自在天」。

樂化天及他化自在天，沒有人世間的婚姻制度，那裡的天人也沒有佔有歸屬之欲。

「又一切欲界天眾，無有處女胎藏，然四大王眾天，於父母肩上，或於懷中，如五歲小兒，欻然化出」。

欲界天人生孩子時，不是從娘胎生，沒有在女人胎藏中的事。四天王天生小孩，是在父母肩上生，不從下部生；人與欲界畜生，才從下部生。四大王眾天人，男女都可以生孩子，看他們兩個誰願意，誰就生。一生下來就像人世間五歲的小孩那麼大，是忽然化生，忽然化出來的。不像我們的產房裡，聽到孕婦叫痛的聲音，有些還會罵丈夫；有些女人痛得手在鐵床上拉，那個力氣不曉得怎麼來，鐵床都拉彎了。你們這些都要去了解，才能講修行，你會看到人多麼可憐，覺得為人好苦呀！而且會有一種心情，對自己的母親無比的念恩，原來我是她那麼受苦生出來的，會很難過。

四天王的人生孩子，就不像人那麼苦了，在父母的肩上或懷中，像煙一樣，一冒就出來了，一生出來的嬰兒，就有五歲小孩那麼大，已快接近化生的階段了。

「**三十三天如六歲，時分天如七歲，知足天如八歲，樂化天如九歲，他化自在天如十歲**」。

不同天界的天人，孩子生出來都不同，一層比一層高了。

這裡有一個問題來了，上面在形量殊勝的地方說，「**如如身量漸增廣大，如是如是苦轉殊勝**」，身量越大，受的苦報越大，那麼天人不受苦報了嗎？因為天人受樂也大，受樂越大，樂中之苦也大，所以還是在受苦，始終離不開八苦。天人有天人的痛苦。像人一樣，沒有房子也苦，有房子也苦，有時會比沒有房子還要痛苦。像我們這五層樓，每月每層樓，管理費就要很多。所以你們在這裡享受都不知道，如果沒有那麼多辦事的人，你們能在這裡享受嗎？有人還在那裡不痛快，真是笨死了。辦事的人更是痛苦，最近幾天，說我們這裡是營業的，要繳一大筆營業稅。我發了脾氣，我們這裡哪算是營業的？像這些就是痛苦，你如果沒有房子，他才不會來找你麻煩，所以由此你可以想到天人境界的苦，也是一樣的。

神通的變化　修道的變化

「**復次生建立者，謂三種欲生，或有眾生現住欲塵，由此現住欲塵故，富貴自在**」。

生命的存在有三種欲生，活在這個世界的有些眾生，是住在欲界的欲塵境界裡，因為我們住在欲塵，所以有些人富貴自在，有錢有功名。

「**彼復云何。謂一切人及四大王眾天，乃至知足天，是名第一欲生，或有眾生變化欲塵，由此變化欲塵故，富貴自在**」。

人類與四天王天，即中國講的神明，以及知足天，是「**第一欲生**」，就是第一層。我們人類與四天王天，以及知足天的欲塵，是靠物理變化才得享受。

「彼復云何。謂樂化天，由彼諸天，為自己故，化為欲塵，非為他故，唯自變化諸欲塵故，富貴自在，是名第二欲生。或有眾生他化欲塵，由他所化諸欲塵故，富貴自在。彼復云何。謂他化自在天，由彼諸天為自因緣，亦能變化，為他因緣，亦能變化，故於自化非為希奇，用他所化欲塵，為富貴自在，故說此天為他化自在，非彼諸天唯受用他所化欲塵，亦有受用自所化欲塵者，是名第三欲生」。

更高一層的天，如樂化天，是第二欲生。他化自在天，是第三欲生，能達到的那個境界，等於有神通，想要黃金玩玩，自己吹一口氣，黃金就變化出來了，這叫他化自在天。如果你帶一個瓶子出門，要喝酒，對瓶子叫一聲「酒來」，酒就來了；或者叫一個男的或女的出來唱歌，吹一口氣就跳出來了。

中國神仙傳上講到的壺翁，出門就背個葫蘆，休息時想喝酒了，把葫蘆打開叫：「出來」，他的太太就出來了，所以不需要買飛機票就帶走了。太太出來給他煮飯，吃飯喝酒後睡覺了。太太看他睡覺了，也從懷裡摸出一個小葫蘆來，也叫：「出來」，她的情人就跳出來了。她說老頭子睡覺了，我們來喝酒吧。等一下聽見老頭子在翻身，太太叫聲「進去」，情人就進了太太的葫蘆裡去了。老頭子醒來，看到太太在這裡，就叫：「進去」，太太就進入葫蘆裡去，他帶著葫蘆就走了。

這種神仙是別有天地，你管他是神仙故事也好，假託說人生也好，人生就是那個樣子，大家各有一套葫蘆，誰都不曉得別人葫蘆裡賣的什麼藥。他化自在天也就是這樣化的。

第一欲生，第二欲生，第三級的欲生，注意！我們打坐到了初禪發樂，一貪圖樂，你就墜入欲界天去了。到了二禪的那個樂感，氣脈更是發動，更樂，你就到了第二禪的欲裡頭來了。所以氣脈發動，清淨的快感，與你心理觀念有一點配合，就起了貪圖此樂的念頭，於是就進入了欲界。所以打坐修持做工夫，是多麼微細呀！你們現在打坐，氣脈流通了，小心呀！看你流到哪一界去了，你智慧不夠，佛法不通，就搞不清楚了。你以為那麼容易嗎？如果那麼容易的話，我還能在這裡吹嗎？所以要搞清楚。

這裡只講初禪、二禪、三禪與貪欲的關係。至於本論所說有關六欲天上界的化樂天、他化自在天等原文，我認為很清楚了，但是對你們暫時不作解釋，並非祕密不可講，因為你們對初禪、二禪、三禪都還沒有實證，這些留待以後再說吧。

「復有三種樂生。或有眾生，用離生喜樂，灌灑其身，謂初靜慮地諸天，是名第一樂生」。

樂生有三種，初禪得快感的時候，是第一樂生。

「或有眾生，由定生喜樂，灌灑其身，謂第二靜慮地諸天，是名第二樂生」。

喜樂灌灑其身，身上氣脈自然通了，是二禪的樂，就是第二樂生。

「或有眾生，以離喜樂，灌灑其身，謂第三靜慮地諸天，是名第三樂生」。

離喜的樂灑灌其身，這是第三禪，就是第三樂生。

「問：何故建立三種欲生，三種樂生耶」。

講到這裡，來個問題，為什麼是三種？

「**答：由三種求故，一欲求，二有求，三梵行求。謂若諸沙門或婆羅門墮欲求者，一切皆為三種欲生，更無增過**」。

因為我們第八阿賴耶識自然有三種要求，要修道也是一種求。為什麼要修道？為了要成佛，要成佛就是大欲求。想要得到清淨舒服的快感，那就墮在欲界了。充其量你禪定修得好，道德高一點，生天變為欲界的天人，就不能求上進了，因為你的欲求給自己畫了一個界限，墮在欲求中，所以墮在欲界。

「**若諸沙門或婆羅門墮有求者，多分求樂，由貪樂故，一切皆為三種樂生。由諸世間為不苦不樂寂靜生處，起追求者，極為尠少，故此以上，不立為生**」。

貪圖樂，貪定中的樂感，或者追求比欲界功德高的天人果位，都是屬於三種樂生之中的。而對於更上一層的不苦不樂寂靜生處，很少有人追求，所以不立為生。

「**若諸沙門或婆羅門，墮梵行求者，一切皆為求無漏界，或復有一**

墮邪梵行求者」。

一切的修行人，都是想求到一念不生的清淨無漏境界；有些人修道，卻墮入邪的梵行。其實修道都屬於清淨梵行，但是清淨裡頭有邪門，邪道裡也有清淨。

「為求不動，空無邊處、識無邊處、無所有處、非想非非想處，起邪分別，謂為解脫」。

在四禪八定之中，見地，也就是見解的觀念，如果錯了一點點，就墮入外道邪門之中了。所以見地、智慧最重要，雖然你修的也是佛法，但有一點點偏差，就成了邪魔外道。所以《楞嚴經》中，佛說聲聞、緣覺都是外道；五十種陰魔，是屬於識陰的陰魔，是見地上的差別，那不叫魔，而叫外道。學佛見解見地太難了，所以禪宗講見地，「祇貴子眼正，不說子行履」，只要見地對了，你修行的路沒有不對的。所以學有為法的，像修密法啦！修各種有為法的修持啦！是很危險的。但是如果你說那我什麼都不學，就學空，那你更危險了，變成撥無因果的空，更嚴重了。

「**當知此是有上梵行求。無上梵行求者，謂求無漏界**」。

那些都是求「**有上梵行**」的，而真正得道的羅漢，屬於求「**無上梵行**」的。

今天研究到這一段，暫時保留著，以後還要再研究的。

結語

現在答覆大家一個問題。有兩位藝術家提出問題，藝術家的藝術境界，看世間上的一切都是美的；而修白骨觀、不淨觀，看世界都是醜陋的，對不對？這兩個怎麼去調和呢？

其實這是人們第六意識思想所起的觀念，一切的美和醜都是思想分別的意識，這是見地的問題。現在先答覆你在邏輯上的一個總論，為什麼要修白骨觀、不淨觀這個法門，才能求得真善美？因為我們這個欲界人的生死來去，最後就是白骨，是不淨，地大最後化空；藝術家及我們人類認為的美，只是以我們這個世界上，人自己的觀感來說的。

佛法告訴我們，生命有真美，那是超越了肉體，超越了這個物質世界。怎麼去求呢？方法的第一步，先要把現在對身體執著打破，把這個物質打破，才求出一個真的身體來。所以《禪祕要法》中修白骨觀，到最後是佛的三身成就，是神光的生命，那才叫真的美。所以白骨觀、不淨觀，是要先打破對身體的執著，目的是追求真正的至善至美。

至於修「安那般那」（出入息）入手，達到四禪八定，乃至滅盡定的境界，它最高的原則，與白骨觀、不淨觀幾乎完全相同，但修證的方法在內涵上，卻有不同的變化。如果是直接修空觀或者修緣起觀，每個修證入手的方法，表面上與白骨觀、不淨觀似乎相同，但實際的內涵，是有差異的。

這是與修聲聞乘有關的要點，順便加以說明。

大家先要把見地弄清楚，因為你不在智慧上求，所以見地不清楚。《禪祕要法》先由不淨觀、白骨觀起修，如果這個色身化不掉，甩不開，就連欲界都超脫不出來，怎麼能發起修行一切的禪定喜樂呢？所謂得初禪之喜樂，喜也得不到，樂也得不到。《禪祕要法》叫我們初步每天觀這個身體就像氣泡一樣，中間是空的，外面都是光。然後再觀光明境界定，最後是如來大定，所以叫作《禪祕要法》。而我們呢，光是第一步白骨，啃了半天也啃不下去。

我年輕的時候，讀書可沒有你們這麼笨，前幾頁看不懂，我就看後面；後面看了，再看後面的後面，有時候就再倒轉回來看前面，就看懂了。你們呀！有時嘴裡說自己笨，其實內心並沒有這樣認為；但是你們讀書讀不懂，就死盯在那裡。你就不會靈活一點，再翻幾頁去看看嗎？把一本翻完總可以吧！你們就是不會這樣讀書，偷巧也不會，老老實實一個字一個字慢慢啃也不幹，就想一學就會，所以很痛苦。總之，不管讀經書或研究學問，都要好學深思才是正途。

下次要開始講《禪祕要法》了，大家要好好準備，好好記錄。

瑜伽師地論　聲聞地講錄下冊

建議售價 ·750 元（上下冊合售）

講　　述・南懷瑾

出版發行・南懷瑾文化事業有限公司

網址：www.nhjce.com

代理經銷・白象文化事業有限公司

412台中市大里區科技路1號8樓之2（台中軟體園區）

出版專線：（04）2496-5995　　傳真：（04）2496-9901

401台中市東區和平街228巷44號（經銷部）

購書專線：（04）2220-8589　　傳真：（04）2220-8505

印　　刷・基盛印刷工場

版　　次・2017年2月初版一刷

2020年11月二版一刷

2022年8月二版二刷

設計編印　白象文化

www.ElephantWhite.com.tw

press.store@msa.hinet.net

總監：張輝潭　專案主編：林金郎

國家圖書館出版品預行編目資料

瑜伽師地論 聲聞地講錄／南懷瑾講述． --初版.—

臺北市：南懷瑾文化，2017.02

面：　公分．

ISBN 978-986-93144-3-5（上冊：平裝）

ISBN 978-986-93144-4-2（下冊：平裝）

1. 瑜伽部

222.13　　105011441